BESTACTIVITYBOOKS.COM

EERSTE EDITIE - Gepubliceerd in 2022

Extra grafisch materiaal van: www.freepik.com
Dank aan: Alekksall, Starline, Pch.vector, Rawpixel.com, Vectorpocket, Dgim-studio, Upklyak, Macrovector, Stockgiu, Pikisuperstar & Freepik.com Designers

5 TIPS OM TE BEGINNEN!

1) HOE OP TE LOSSEN

De Puzzels zijn in een Klassiek Formaat:

- Woorden worden verborgen zonder pauzes (geen spaties, streepjes, ...)
- Oriëntatie: Voorwaarts & Achterwaarts, Boven & Beneden of in Diagonaal (kan in beide richtingen)
- Woorden kunnen elkaar overlappen of kruisen

2) ACTIEF LEREN

Naast elk woord is een spatie voorzien om de vertaling te noteren. Om actief te leren vindt u een **WOORDENBOEK** aan het einde van deze editie om uw kennis te controleren en uit te breiden. U kunt elke vertaling opzoeken en opschrijven, de woorden in de puzzel vinden en ze vervolgens aan uw woordenschat toevoegen!

3) TAG JE WOORDEN

Hebt u al geprobeerd een labelsysteem te gebruiken? U zou bijvoorbeeld de woorden die moeilijk te vinden waren kunnen markeren met een kruis, de woorden die u leuk vond met een ster, nieuwe woorden met een driehoek, zeldzame woorden met een ruit enzovoort...

4) ORGANISEER UW LEREN

Wij bieden ook een handig **NOTITIEBOEKJE** aan het eind van deze uitgave. Of u nu op vakantie, op reis of thuis bent, u kunt uw nieuwe kennis gemakkelijk ordenen zonder dat u een tweede notitieboek nodig hebt!

5) AFGESLOTEN?

Ga naar de bonussectie: **FINAAL UITDAGING** om een gratis spel te vinden dat aan het einde van deze editie wordt aangeboden!

Wil je meer leuke en leerzame activiteiten? Het is **Snel en Eenvoudig!**
Een hele collectie spelboeken slechts **één klik verwijderd!**

Vind uw volgende uitdaging bij:

BestActivityBooks.com/MijnVolgendeBoek

Klaar... Start!

Wist u dat er zo'n 7000 verschillende talen in de wereld zijn? Woorden zijn kostbaar.

We houden van talen en hebben hard gewerkt om de boeken van de hoogste kwaliteit voor u te maken. Onze ingrediënten?

Een selectie van onmisbare leerthema's, drie grote plakken plezier, dan voegen we er een lepel moeilijke woorden en een snuifje zeldzame woorden aan toe. We serveren ze met zorg en een maximum aan verrukking, zodat je de beste woordspelletjes kunt oplossen en veel plezier beleeft aan het leren!

Uw feedback is essentieel. U kunt een actieve bijdrage leveren aan het succes van dit boek door een recensie achter te laten. Vertel ons wat u het meest beviel in deze editie!

Hier is een korte link die u naar uw bestelpagina brengt:

BestBooksActivity.com/Recensies50

Bedankt voor uw hulp en veel plezier met het spel!

Linguas Classics

1 - Metingen

W	I	D	T	H	P	K	O	H	R	E	T	E	M	B	X
K	U	C	I	P	Q	I	U	T	E	M	I	N	U	T	E
Z	T	O	Y	U	B	L	N	G	T	I	Y	O	H	O	Z
S	J	R	U	G	U	O	C	N	E	B	G	T	R	B	I
M	B	M	C	C	N	G	E	E	M	I	I	H	E	Y	N
R	P	E	W	L	M	R	M	L	O	W	V	V	T	T	C
N	U	B	P	M	K	A	U	C	L	E	F	N	E	E	H
I	B	A	I	F	S	M	L	G	I	I	T	A	M	X	D
D	D	A	N	A	P	D	O	W	K	G	Z	I	I	V	X
E	L	Z	T	H	T	M	V	M	C	H	M	J	T	T	I
P	F	T	K	O	E	A	A	R	Y	T	Y	Q	N	M	S
T	A	S	V	Z	D	S	D	R	W	O	T	P	E	I	G
H	I	R	C	K	V	S	B	E	G	A	Q	T	C	V	T
Q	T	P	W	M	M	Y	N	T	S	O	C	T	D	R	K
Q	M	F	U	A	X	X	H	I	B	A	H	V	V	S	Q
D	J	T	Z	H	M	E	H	L	A	M	I	C	E	D	S

WIDTH
BYTE
CENTIMETER
DECIMAL
DEPTH
WEIGHT
GRAM
HEIGHT
INCH
KILOGRAM
KILOMETER
LENGTH
LITER
MASS
METER
MINUTE
OUNCE
PINT
TON
VOLUME

2 - Opwarming van de Aarde

G	U	Y	T	S	C	I	E	N	T	I	S	T	D	D	I
O	N	S	R	E	T	A	M	I	L	C	R	G	J	E	R
V	U	N	Q	T	M	L	K	W	V	K	D	A	B	V	U
E	Q	O	Y	S	S	P	Q	P	I	K	K	V	F	E	G
R	D	K	T	K	E	U	E	A	R	C	T	I	C	L	E
N	C	A	V	X	C	H	D	R	P	D	J	V	W	O	N
M	U	Q	T	V	N	I	Y	N	A	X	A	E	L	P	E
E	H	E	G	A	E	Z	G	O	I	T	X	H	I	M	R
N	L	Y	T	M	U	V	A	I	R	V	U	G	A	E	A
T	J	M	A	U	Q	W	S	T	K	G	W	R	B	N	T
C	H	A	N	G	E	S	T	N	G	X	V	B	E	T	I
D	K	T	L	J	S	T	H	E	R	U	T	U	F	S	O
Y	V	Z	L	K	N	B	T	T	K	A	V	I	I	I	N
Y	Z	J	C	N	O	L	X	T	C	R	I	S	I	S	S
D	H	I	C	P	C	D	C	A	E	N	E	R	G	Y	P
E	N	V	I	R	O	N	M	E	N	T	A	L	I	L	F

ATTENTION
ARCTIC
CRISIS
ENERGY
GAS
DATA
GENERATIONS
CONSEQUENCES
INDUSTRY

CLIMATE
ENVIRONMENTAL
NOW
DEVELOPMENT
GOVERNMENT
TEMPERATURES
FUTURE
CHANGES
SCIENTIST

3 - Keuken

G	B	I	I	C	U	P	S	T	R	J	A	Y	X	J	J
Y	J	O	G	Z	H	Z	H	Y	E	P	I	C	E	R	L
K	U	M	W	R	A	J	B	S	F	G	T	C	N	F	Q
B	F	H	Y	L	I	F	N	P	R	K	P	P	J	V	Z
K	N	I	V	E	S	L	D	O	I	K	I	H	N	M	I
S	E	V	B	L	U	G	L	O	G	M	I	T	V	Q	E
N	S	X	K	D	I	I	A	N	E	O	I	N	K	F	T
O	N	P	N	A	B	B	J	S	R	V	V	W	D	R	S
S	Y	U	N	L	X	J	Z	E	A	E	B	C	E	E	Z
K	F	Q	A	P	R	O	N	C	T	N	C	P	O	E	A
R	E	G	N	O	P	S	J	I	O	X	Y	K	F	Z	W
O	F	T	X	D	B	A	K	P	R	E	L	J	E	E	L
F	J	I	T	U	V	Q	D	S	C	R	A	I	T	R	L
K	U	X	K	L	U	F	O	O	D	E	O	J	B	K	C
X	G	X	R	Q	E	W	H	Q	H	I	V	J	V	X	A
C	H	O	P	S	T	I	C	K	S	N	A	P	K	I	N

CUPS
CHOPSTICKS
GRILL
KETTLE
REFRIGERATOR
BOWL
JUG
SPOONS
KNIVES
OVEN
LADLE
JAR
RECIPE
APRON
NAPKIN
SPICES
SPONGE
FOOD
FORKS
FREEZER

4 - Boten

D	Y	R	D	D	O	C	Z	V	S	U	R	G	D	G	Y
S	B	X	O	Q	Z	R	Y	U	S	V	C	N	O	X	O
M	E	F	K	P	X	E	E	N	G	I	N	E	C	Q	M
C	O	A	B	A	E	W	K	A	S	W	Z	O	K	H	B
L	N	U	U	Y	Y	Y	A	E	C	R	W	Q	T	L	Z
E	A	O	O	F	T	A	L	C	Y	I	K	Y	J	O	X
X	C	I	Y	O	K	C	K	O	U	I	D	N	A	F	F
M	P	L	U	Y	F	E	R	R	Y	O	P	D	H	C	U
N	T	H	C	A	Y	F	W	Q	U	D	G	V	U	E	H
S	A	W	A	V	E	S	C	S	U	W	A	V	P	W	Q
S	O	K	R	O	D	R	L	J	S	T	Y	F	S	K	D
P	B	T	A	O	B	L	I	A	S	L	Z	L	A	J	T
Q	E	D	F	H	L	O	G	M	C	M	J	B	L	Q	B
L	F	V	T	S	A	M	I	F	S	X	K	N	M	E	J
R	I	V	E	R	U	P	B	N	A	N	C	H	O	R	R
T	L	A	C	I	T	U	A	N	P	W	M	L	V	T	T

ANCHOR
CREW
BUOY
DOCK
WAVES
YACHT
KAYAK
CANOE
MAST
LAKE
ENGINE
NAUTICAL
OCEAN
LIFEBOAT
RIVER
ROPE
FERRY
RAFT
SEA
SAILBOAT

5 - Chocolade

C	Y	Z	S	U	R	A	C	X	O	U	V	H	V	D	C
A	Z	N	B	T	V	C	L	A	M	O	R	A	L	E	R
N	V	T	U	N	O	C	O	C	R	V	E	O	G	L	A
D	E	X	W	E	A	F	A	J	E	A	L	K	U	I	V
Y	D	Q	S	I	A	D	P	V	D	Y	M	S	R	C	I
U	P	C	P	D	Y	G	Q	E	W	C	T	E	N	I	N
B	I	T	T	E	R	S	U	X	O	A	A	H	L	O	G
S	S	S	K	R	U	U	A	O	P	H	F	C	G	U	B
W	T	G	K	G	H	G	L	T	V	K	S	O	A	S	H
E	U	S	Y	N	I	A	I	I	V	V	A	S	H	O	A
E	N	D	Y	I	S	R	T	C	I	X	I	D	G	L	P
T	A	T	A	S	T	E	Y	C	A	L	O	R	I	E	S
R	E	C	I	P	E	F	A	V	O	R	I	T	E	G	S
R	P	A	N	T	I	O	X	I	D	A	N	T	G	S	B
N	B	A	N	K	Y	T	O	U	B	R	O	H	S	H	A
M	U	O	S	I	Z	Z	B	R	I	E	D	M	G	B	Q

ANTIOXIDANT
AROMA
BITTER
CACAO
CALORIES
EXOTIC
FAVORITE
DELICIOUS
INGREDIENT
CARAMEL
COCONUT
QUALITY
PEANUTS
POWDER
RECIPE
TASTE
CANDY
SUGAR
CRAVING
SWEET

6 - Gezondheid en Welzijn #2

V	S	D	W	J	A	N	T	P	Z	I	I	J	E	K	D
D	H	I	J	M	O	A	U	F	T	G	B	N	N	S	M
N	B	G	U	M	S	C	C	T	V	N	V	B	E	E	X
I	E	E	N	E	I	G	Y	H	R	I	O	M	R	H	M
C	C	S	S	E	R	T	S	G	O	I	T	H	G	H	L
H	R	T	I	K	R	E	I	I	R	L	T	A	Y	D	Y
W	Y	I	O	M	Z	I	V	E	B	B	J	I	M	P	Q
A	D	O	O	L	B	D	E	W	B	O	D	Y	O	I	Q
J	L	N	O	I	T	C	E	F	N	I	M	F	F	N	N
X	A	L	I	E	D	I	S	E	A	S	E	E	N	D	K
N	T	H	E	I	B	A	G	E	N	E	T	I	C	S	W
K	I	G	E	R	D	W	F	B	D	N	B	D	X	E	Z
U	P	O	Y	O	G	H	E	A	L	T	H	Y	F	B	C
H	S	L	N	L	X	Y	M	O	T	A	N	A	O	P	J
I	O	E	D	A	M	A	S	S	A	G	E	H	F	V	T
H	H	R	E	C	O	V	E	R	Y	N	M	C	B	O	U

ALLERGY
ANATOMY
BLOOD
CALORIE
DIET
ENERGY
GENETICS
WEIGHT
HEALTHY
RECOVERY
HYGIENE
INFECTION
BODY
MASSAGE
DIGESTION
STRESS
VITAMIN
NUTRITION
HOSPITAL
DISEASE

7 - Tijd

I	R	M	C	R	N	F	D	N	A	A	Z	W	R	A	A
U	P	M	E	H	F	N	O	O	N	Z	N	Q	L	F	J
E	Y	L	D	S	R	V	X	W	N	F	H	R	B	T	S
A	A	H	F	A	R	G	V	B	U	S	O	A	D	E	Z
H	L	L	W	F	C	N	E	D	A	C	E	D	A	R	C
S	X	T	E	U	F	M	B	D	L	O	R	N	Y	A	E
L	Q	I	E	T	T	E	A	R	L	Y	L	E	C	E	N
D	L	M	K	U	H	E	J	J	Z	K	K	L	P	Y	T
M	U	H	S	R	K	O	W	Z	V	N	E	A	Y	I	U
T	O	W	X	E	K	U	U	O	P	Q	V	C	M	N	R
W	O	N	C	L	O	C	K	R	Q	Q	S	Y	H	T	Y
C	G	D	T	L	B	Z	R	H	K	M	I	N	U	T	E
K	V	C	A	H	Y	E	S	T	E	R	D	A	Y	Y	I
F	C	Q	A	Y	H	H	B	I	W	T	E	D	H	B	Z
W	K	O	K	O	K	I	X	N	I	G	H	T	R	E	Q
N	M	Y	V	M	O	R	N	I	N	G	Q	D	S	K	F

DAY
DECADE
CENTURY
YESTERDAY
YEAR
ANNUAL
CALENDAR
CLOCK
MONTH
NOON
MINUTE
AFTER
NIGHT
NOW
MORNING
FUTURE
HOUR
TODAY
EARLY
WEEK

8 - Meditatie

G	X	H	F	P	A	V	L	P	E	A	C	E	Y	G	D
Z	Y	K	N	O	I	T	N	E	T	T	A	A	A	N	D
V	D	U	X	S	S	E	N	I	P	P	A	H	H	O	K
E	F	J	S	T	H	G	U	O	H	T	S	M	X	I	Y
U	C	I	S	U	M	S	I	L	E	N	C	E	H	T	T
E	K	L	P	R	B	R	E	A	T	H	I	N	G	A	N
M	I	A	A	E	P	E	R	S	P	E	C	T	I	V	E
O	N	T	G	R	V	B	Q	B	D	C	L	M	A	R	M
T	D	N	R	U	I	A	X	S	D	N	L	C	Q	E	E
I	N	E	A	T	S	T	B	O	T	A	K	O	X	S	V
O	E	M	T	A	H	R	Y	G	A	T	F	F	O	B	O
N	S	U	I	N	O	I	S	S	A	P	M	O	C	O	M
S	S	J	T	D	Q	T	V	C	O	E	K	A	W	A	W
A	T	R	U	U	X	C	O	L	K	C	F	L	S	K	T
G	L	N	D	O	L	U	D	P	M	C	U	Q	B	X	P
H	A	G	E	D	B	S	R	J	T	A	T	A	X	J	O

ATTENTION
ACCEPTANCE
BREATHING
MOVEMENT
GRATITUDE
EMOTIONS
THOUGHTS
HAPPINESS
CLARITY
POSTURE
COMPASSION
MENTAL
MUSIC
NATURE
OBSERVATION
PERSPECTIVE
SILENCE
PEACE
KINDNESS
AWAKE

9 - Muziek

T	R	F	A	U	I	C	M	U	S	I	C	A	L	T	T
R	E	Q	T	N	E	M	U	R	T	S	N	I	A	P	A
G	G	M	E	N	O	H	P	O	R	C	I	M	C	X	X
S	N	W	P	Z	O	F	R	R	O	S	O	Y	I	D	F
Z	I	T	I	O	H	Z	Z	D	O	X	I	E	R	C	F
H	S	H	Z	H	O	P	E	R	A	V	C	B	Y	H	U
A	L	B	U	M	A	D	J	F	H	U	I	N	L	O	D
S	N	P	O	E	T	I	C	N	A	Z	F	S	T	R	R
C	L	A	S	S	I	C	A	L	R	P	M	B	E	U	H
N	L	A	I	W	O	V	E	U	M	A	T	R	C	S	Y
R	B	T	H	C	T	W	R	S	O	K	J	H	F	I	T
G	F	R	P	N	I	F	H	G	N	I	S	Y	Q	K	H
M	E	L	O	D	Y	S	O	P	Y	T	M	T	F	L	M
E	R	J	W	J	K	X	U	L	G	Z	D	H	M	W	I
I	T	B	B	V	O	G	O	M	A	E	M	M	R	I	C
R	E	C	O	R	D	I	N	G	B	A	L	L	A	D	Y

ALBUM
BALLAD
HARMONY
IMPROVISE
INSTRUMENT
CLASSICAL
CHORUS
LYRICAL
MELODY
MICROPHONE
MUSICAL
MUSICIAN
OPERA
RECORDING
POETIC
RHYTHM
RHYTHMIC
TEMPO
SINGER
SING

10 - Vogels

S	N	N	Q	P	Y	S	V	G	D	H	W	T	E	Y	D
P	P	R	D	V	P	G	C	J	H	C	I	R	T	S	O
I	N	A	C	I	L	E	P	Z	O	E	S	S	Y	M	J
G	D	K	R	O	T	S	O	O	R	F	R	Y	A	H	N
E	Y	X	X	R	Q	O	W	L	W	N	M	O	N	G	S
O	M	M	C	G	O	G	N	I	M	A	L	F	N	U	G
N	R	S	T	G	X	W	P	A	R	R	O	T	E	L	H
A	T	B	W	R	X	A	P	F	G	I	S	J	K	L	D
C	T	B	C	E	P	Z	L	R	O	N	C	X	C	H	J
U	W	A	F	B	P	E	E	U	O	K	U	Z	I	N	A
O	O	C	S	V	Y	L	N	W	S	U	C	U	H	S	J
T	M	R	Z	Q	T	C	A	G	E	T	K	J	C	K	E
K	C	O	C	A	E	P	C	G	U	B	O	S	W	A	N
C	J	W	R	U	U	J	V	L	W	I	O	E	B	S	A
U	J	L	G	A	I	P	V	G	A	C	N	E	E	G	G
D	U	U	K	A	N	Y	G	K	F	M	R	V	T	G	E

PIGEON
DUCK
EGG
FLAMINGO
GOOSE
CHICKEN
CUCKOO
CROW
GULL
SPARROW

STORK
PARROT
PEACOCK
PELICAN
PENGUIN
HERON
OSTRICH
TOUCAN
OWL
SWAN

11 - Behoud

S	K	M	T	W	J	T	G	O	Y	O	D	T	R	E	E
C	U	C	I	N	A	G	R	O	M	Z	X	O	V	D	C
J	H	S	E	V	F	T	A	T	I	B	A	H	U	U	O
C	K	E	T	Q	U	U	E	T	A	M	I	L	C	C	S
K	I	P	M	A	D	M	G	R	J	B	R	A	U	A	Y
S	F	O	Y	I	I	D	F	L	O	U	T	T	V	T	S
H	I	L	N	A	C	N	P	X	O	D	B	N	D	I	T
H	T	L	A	E	H	A	A	M	L	Z	V	E	E	O	E
G	D	U	T	F	C	N	L	B	R	H	O	M	C	N	M
O	G	T	U	K	U	F	U	S	L	Z	L	N	Y	C	G
K	R	I	R	Z	L	V	K	R	B	E	U	O	C	H	A
P	E	O	A	K	X	R	N	U	H	C	N	R	L	A	G
G	E	N	L	N	L	D	Q	J	A	U	T	I	E	N	O
P	N	R	E	C	Y	C	L	E	V	D	E	V	G	G	M
P	E	S	T	I	C	I	D	E	K	E	E	N	L	E	C
C	O	N	C	E	R	N	H	P	M	R	R	E	S	S	C

CHEMICALS
SUSTAINABLE
ECOSYSTEM
CYCLE
HEALTH
GREEN
HABITAT
CLIMATE
ENVIRONMENTAL
NATURAL
EDUCATION
ORGANIC
PESTICIDE
RECYCLE
CHANGES
REDUCE
POLLUTION
VOLUNTEER
WATER
CONCERN

12 - Wiskunde

D	K	U	E	P	V	D	O	Y	R	T	E	M	M	Y	S
I	I	R	C	G	E	W	D	A	E	S	L	D	S	R	F
D	A	V	N	B	Q	U	S	E	C	Q	G	I	R	T	R
N	E	I	I	U	G	O	A	C	T	U	N	A	V	E	A
T	B	C	C	S	E	L	G	N	A	A	A	M	A	M	C
P	F	V	I	D	I	D	W	E	N	R	I	E	C	O	T
R	O	H	W	M	Z	O	W	R	G	E	R	T	I	E	I
T	J	L	F	F	A	A	N	E	L	W	T	E	T	G	O
R	X	D	Y	C	C	L	O	F	E	F	X	R	E	K	N
Q	O	A	I	G	K	Z	T	M	U	W	Z	S	M	M	T
P	R	R	Z	L	O	I	B	U	C	S	U	M	H	E	H
V	O	L	U	M	E	N	R	C	B	M	F	G	T	J	H
E	X	P	O	N	E	N	T	R	M	J	O	C	I	J	Z
H	P	G	R	A	L	U	C	I	D	N	E	P	R	E	P
E	Q	U	A	T	I	O	N	C	Q	J	O	Q	A	H	F
C	F	Z	P	A	R	A	L	L	E	L	M	B	S	H	G

DECIMAL
DIAMETER
DIVISION
TRIANGLE
EXPONENT
FRACTION
GEOMETRY
ANGLES
PERPENDICULAR
CIRCUMFERENCE
PARALLEL
RECTANGLE
ARITHMETIC
SUM
SYMMETRY
POLYGON
EQUATION
SQUARE
VOLUME

13 - Gezondheid en Welzijn #1

V	I	R	U	S	C	E	F	T	J	B	G	Y	O	R	O
R	L	O	N	X	E	L	F	E	R	E	Y	J	F	N	K
E	O	T	G	I	E	N	I	C	I	D	E	M	R	J	P
L	U	C	E	R	W	B	O	S	T	N	M	O	A	I	L
A	N	O	L	K	Y	C	A	M	R	A	H	P	C	T	C
X	N	D	C	L	I	N	I	C	R	E	V	I	T	C	A
A	W	E	U	G	Q	D	L	J	P	O	U	I	U	T	X
T	R	U	R	G	S	Y	Z	C	Q	S	H	T	R	O	H
I	H	P	X	V	C	C	D	J	M	E	E	Q	E	P	U
O	L	N	V	B	E	D	R	C	I	N	J	U	R	Y	N
N	T	E	J	Q	G	S	S	V	R	E	Y	B	Y	J	G
S	T	R	E	A	T	M	E	N	T	H	G	I	E	H	E
G	K	V	T	H	E	R	A	P	Y	H	A	B	I	T	R
V	S	I	M	U	S	C	L	E	S	R	O	F	Z	W	P
C	G	I	N	B	A	C	T	E	R	I	A	B	O	U	V
H	X	H	E	J	E	H	F	E	Z	X	M	Q	O	Q	M

ACTIVE
PHARMACY
BACTERIA
TREATMENT
FRACTURE
DOCTOR
HABIT
HUNGER
HEIGHT
HORMONES
SKIN
CLINIC
INJURY
MEDICINE
RELAXATION
REFLEX
MUSCLES
THERAPY
VIRUS
NERVES

14 - Camping

H	H	Z	H	E	K	A	L	C	P	A	G	M	C	T	W
B	C	U	L	R	C	D	P	F	V	C	O	O	D	G	D
A	Q	K	N	U	Q	U	C	O	C	S	T	U	P	U	Q
Q	S	G	M	T	R	Q	N	R	G	E	F	N	B	V	V
W	K	R	O	A	I	L	N	E	N	E	R	T	Q	W	W
V	B	H	S	N	D	N	A	S	A	G	G	A	Y	N	T
K	R	A	S	H	R	V	G	T	T	O	C	I	I	A	P
S	F	M	L	A	D	I	E	O	N	A	C	N	J	W	O
B	Z	M	A	T	M	A	P	N	E	O	T	U	H	K	D
F	K	O	M	V	B	N	O	E	T	I	P	C	I	C	G
A	A	C	I	A	C	I	R	S	E	U	N	P	O	A	B
G	B	K	N	N	R	E	T	N	A	L	R	Y	W	B	U
M	K	O	A	P	S	S	A	P	M	O	C	E	R	I	F
G	A	Y	L	F	X	E	M	O	O	N	A	G	X	N	E
R	Y	T	R	E	E	S	C	J	N	W	O	B	V	Z	E
H	T	H	G	X	Q	X	F	T	P	I	P	C	O	M	J

ADVENTURE
MOUNTAIN
TREES
FOREST
FIRE
CABIN
ANIMALS
HAMMOCK
HAT
INSECT
HUNTING
MAP
CANOE
COMPASS
LANTERN
MOON
LAKE
NATURE
TENT
ROPE

15 - Algebra

S	K	X	E	S	L	A	F	J	J	P	E	N	V	G	F
U	M	P	X	I	R	T	A	M	A	R	G	A	I	D	O
B	A	M	P	Y	S	F	O	F	I	O	R	E	Z	C	R
T	Q	O	O	X	E	A	S	U	M	B	Q	L	O	G	M
R	A	E	N	I	L	C	P	J	S	L	U	B	E	V	U
A	Y	D	E	N	J	T	T	F	O	E	A	A	Q	X	L
C	U	D	N	R	Y	O	C	O	L	M	N	I	U	N	A
T	M	U	T	O	F	R	N	R	U	X	T	R	A	L	O
I	D	V	U	T	I	S	W	B	T	D	I	A	T	L	K
O	Y	T	R	F	L	T	C	U	I	O	T	V	I	D	D
N	G	U	W	N	P	N	C	P	O	Z	Y	O	O	K	G
V	X	R	E	J	M	S	W	A	N	E	F	W	N	O	V
N	X	Q	A	N	I	C	D	Z	R	E	V	T	A	L	Y
W	G	C	B	P	S	I	I	L	O	F	Y	P	Z	H	L
N	A	I	D	N	H	J	I	N	F	I	N	I	T	E	J
P	A	R	E	N	T	H	E	S	I	S	Z	I	S	J	J

SUBTRACTION
DIAGRAM
EXPONENT
FACTOR
FORMULA
FRACTION
GRAPH
PARENTHESIS
QUANTITY
LINEAR
MATRIX
ZERO
INFINITE
SOLUTION
PROBLEM
SUM
FALSE
VARIABLE
SIMPLIFY
EQUATION

16 - Activiteiten

P	F	T	X	C	A	P	C	B	Q	X	L	W	Y	F	A
P	A	C	Y	G	X	O	K	E	I	Q	D	H	N	I	C
L	T	I	G	N	I	D	A	E	R	D	T	N	W	S	T
E	W	G	N	I	W	E	S	F	W	A	P	B	Q	H	I
A	C	A	I	T	R	A	K	Q	O	M	M	Z	C	I	V
S	A	M	K	N	I	G	X	P	T	U	N	I	G	N	I
U	H	C	I	U	Q	N	L	R	T	R	Q	K	C	G	T
R	P	C	H	H	F	O	G	N	I	C	N	A	D	S	Y
E	R	U	S	I	E	L	H	C	S	K	I	L	L	Y	A
Q	I	J	I	E	Y	H	P	A	R	G	O	T	O	H	P
R	E	L	A	X	A	T	I	O	N	A	D	J	H	C	P
P	C	G	A	R	D	E	N	I	N	G	F	Z	V	L	N
J	T	R	G	J	C	A	M	P	I	N	G	T	S	E	M
O	N	N	P	U	Z	Z	L	E	S	N	L	B	S	R	C
R	G	V	R	U	S	Y	R	C	O	R	Y	D	W	J	V
S	H	H	U	D	Q	E	P	O	K	R	M	B	G	Y	R

ACTIVITY
CRAFTS
DANCING
PHOTOGRAPHY
FISHING
HUNTING
CAMPING
CERAMICS
ART
READING
MAGIC
SEWING
RELAXATION
PLEASURE
PUZZLES
PAINTING
GARDENING
SKILL
LEISURE
HIKING

17 - Vormen

V	T	P	W	P	O	U	Q	D	H	I	W	P	P	P	X
N	R	R	L	G	Y	S	I	D	E	B	U	C	K	G	W
G	I	I	J	J	C	R	P	A	L	K	H	Y	Y	T	X
U	A	S	E	G	D	E	A	Q	C	Z	G	X	O	L	G
Z	N	M	F	G	M	N	T	M	R	E	N	R	O	C	X
Q	G	R	G	S	H	T	W	Z	I	U	F	M	N	H	G
W	L	S	P	H	E	R	E	T	C	D	N	U	O	R	H
G	E	L	G	N	A	T	C	E	R	E	H	F	P	Z	H
K	A	J	Z	F	Y	P	H	Y	P	E	R	B	O	L	A
L	F	S	Y	N	V	Q	O	O	X	C	O	Z	Z	O	H
Z	P	X	A	E	K	F	E	L	R	Y	V	X	U	S	O
C	Y	L	I	N	D	E	R	C	Y	V	A	Q	F	L	Z
L	I	N	E	B	A	K	A	O	K	G	L	W	B	L	A
B	K	P	J	U	R	U	U	N	H	N	O	B	W	F	Y
C	U	R	V	E	C	J	Q	E	W	L	D	N	S	T	F
P	B	X	I	C	H	W	S	J	H	F	K	R	Y	I	J

SPHERE
ARC
CYLINDER
CIRCLE
CURVE
TRIANGLE
CORNER
HYPERBOLA
SIDE
CONE
CUBE
LINE
OVAL
PYRAMID
PRISM
EDGES
RECTANGLE
ROUND
POLYGON
SQUARE

18 - Diplomatie

D	N	O	I	T	U	L	O	S	E	R	L	U	V	B	J
C	I	M	D	D	U	S	H	C	O	M	Y	D	A	B	U
J	I	S	G	L	T	X	M	I	G	L	Z	W	X	W	S
U	L	T	C	H	C	H	L	T	S	D	U	Y	N	S	T
D	Q	C	I	U	M	T	W	I	F	I	G	T	A	I	I
E	O	H	P	Z	S	B	M	L	L	P	O	I	I	S	C
L	S	E	F	H	E	S	U	O	W	L	V	R	R	O	E
T	R	E	A	T	Y	N	I	P	W	O	E	G	A	C	N
P	Y	V	U	T	E	E	S	O	J	M	R	E	T	O	I
E	T	H	I	C	S	O	L	T	N	A	N	T	I	N	S
F	I	E	M	B	A	S	S	Y	Z	T	M	N	N	F	E
Y	R	E	S	I	V	D	A	U	K	I	E	I	A	L	Y
U	U	Y	T	I	N	U	M	M	O	C	N	R	M	I	Q
V	C	L	A	N	G	U	A	G	E	S	T	C	U	C	J
N	E	C	O	O	P	E	R	A	T	I	O	N	H	T	W
G	S	A	M	B	A	S	S	A	D	O	R	T	X	G	W

ADVISER
EMBASSY
AMBASSADOR
CITIZENS
CONFLICT
DIPLOMATIC
DISCUSSION
ETHICS
COMMUNITY
JUSTICE
HUMANITARIAN
INTEGRITY
SOLUTION
POLITICS
GOVERNMENT
RESOLUTION
COOPERATION
LANGUAGES
SECURITY
TREATY

19 - Astronomie

R	U	A	M	U	U	K	X	Y	N	X	E	Q	B	S	J
A	S	T	A	R	N	W	I	H	E	S	F	I	Y	V	L
D	P	U	Q	N	I	H	H	M	B	V	U	X	E	F	L
I	H	I	N	J	V	Q	S	W	U	S	G	J	W	A	I
A	D	I	O	R	E	T	S	A	L	B	G	U	P	J	L
T	P	P	I	N	R	E	T	U	A	N	O	R	T	S	A
I	K	F	T	Z	S	N	E	P	O	C	S	E	L	E	T
O	Z	H	A	D	E	A	M	J	T	R	M	I	C	N	K
N	X	T	L	W	Q	L	O	E	R	O	C	K	E	T	X
K	W	Y	L	D	J	P	C	W	Q	O	E	A	R	T	H
S	A	T	E	L	L	I	T	E	S	U	E	M	S	F	R
O	U	I	T	B	Y	O	Q	K	N	A	I	T	Z	G	I
M	T	V	S	B	W	C	U	Z	D	R	C	N	E	S	O
S	Y	A	N	R	I	P	V	F	R	P	N	O	O	M	B
O	L	R	O	A	S	T	R	O	N	O	M	E	R	X	C
C	I	G	C	O	B	S	E	R	V	A	T	O	R	Y	S

EARTH
ASTEROID
ASTRONAUT
ASTRONOMER
EQUINOX
COMET
COSMOS
MOON
METEOR
NEBULA
OBSERVATORY
PLANET
ROCKET
SATELLITE
STAR
CONSTELLATION
RADIATION
TELESCOPE
UNIVERSE
GRAVITY

20 - Emoties

L	A	N	B	B	G	J	K	J	Y	T	X	V	E	V	J
V	N	G	L	O	R	P	C	F	E	I	X	J	M	U	Q
Q	G	K	I	R	A	I	M	Z	G	T	L	I	B	B	O
U	E	T	S	E	T	A	V	R	A	Q	O	M	A	B	K
L	R	J	S	D	E	C	P	E	S	I	R	P	R	U	S
Q	O	D	J	O	F	N	A	F	E	A	R	R	R	E	T
S	E	V	Y	M	U	H	K	L	N	M	X	B	A	X	R
L	C	G	E	H	L	I	L	N	M	Y	U	X	S	C	A
S	A	D	N	E	S	S	J	O	Y	H	D	K	S	I	N
T	E	N	D	E	R	N	E	S	S	T	T	I	E	T	Q
I	P	E	D	E	I	F	S	I	T	A	S	N	D	E	U
J	B	D	U	I	X	F	G	Y	X	P	D	D	C	D	I
X	W	S	Q	F	L	A	K	U	Y	M	O	N	Q	P	L
C	O	N	T	E	N	T	L	K	T	Y	K	E	U	Q	I
B	R	I	L	F	Y	O	O	E	H	S	Z	S	B	F	T
E	O	P	V	S	C	L	E	M	R	R	I	S	S	N	Y

FEAR
EMBARRASSED
GRATEFUL
SADNESS
BLISS
CONTENT
CALM
LOVE
RELAXED
EXCITED
TRANQUILITY
SYMPATHY
TENDERNESS
SATISFIED
SURPRISE
BOREDOM
PEACE
JOY
KINDNESS
ANGER

21 - Eten #2

B	H	F	F	G	W	P	W	D	S	E	H	N	C	K	C
K	R	A	S	S	H	X	I	L	O	C	C	O	R	B	H
M	G	E	M	Y	E	K	Q	N	B	Q	A	S	K	W	I
T	P	L	A	X	A	H	S	T	E	S	E	E	H	C	C
M	O	P	N	D	T	B	U	Z	C	A	P	D	J	M	K
A	S	P	A	R	A	G	U	S	I	G	P	I	Z	H	E
T	N	A	L	P	G	G	E	A	R	R	Q	P	B	S	N
T	O	M	A	T	O	E	A	L	T	A	N	V	L	I	B
F	I	S	H	H	H	X	M	M	V	P	Y	L	P	E	A
G	E	F	S	B	Z	U	C	O	U	E	R	V	D	W	N
Y	H	D	I	O	L	I	M	N	S	S	R	E	R	X	A
H	M	W	Y	K	M	A	Y	D	X	N	K	D	P	J	N
Y	O	G	U	R	T	L	E	I	C	F	I	E	T	T	A
J	W	L	M	R	B	E	C	F	D	I	W	R	L	A	D
Z	P	T	R	W	J	C	I	X	G	L	I	W	X	E	E
T	A	F	I	U	V	N	W	S	Y	J	I	H	U	Y	G

ALMOND
PINEAPPLE
APPLE
ASPARAGUS
EGGPLANT
BANANA
BROCCOLI
BREAD
GRAPE
EGG
HAM
CHEESE
CHICKEN
KIWI
PEACH
RICE
WHEAT
TOMATO
FISH
YOGURT

22 - Restaurant #1

J	N	B	I	W	S	D	V	K	E	C	V	A	K	U	G
Y	E	I	R	E	I	H	S	A	C	T	O	M	E	N	U
I	X	S	S	E	R	T	I	A	W	O	P	F	M	Z	H
G	T	T	Q	T	A	A	F	Q	Q	E	S	X	F	N	V
Q	B	N	V	A	B	D	O	Z	A	A	M	P	X	E	N
E	Z	E	E	L	I	B	O	D	N	T	W	A	I	K	E
A	U	I	G	P	N	E	D	V	V	G	S	K	D	C	H
U	N	D	M	E	A	T	F	B	T	G	P	D	K	I	C
U	S	E	D	A	L	L	E	R	G	Y	I	R	N	H	T
B	M	R	Z	E	R	G	J	V	S	B	C	I	I	C	I
G	A	G	W	C	S	R	X	Q	L	V	Y	P	F	N	K
C	N	N	I	U	Z	S	B	O	W	L	F	M	E	I	Q
N	O	I	T	A	V	R	E	S	E	R	Q	P	J	D	M
Q	A	K	W	S	Y	Z	R	R	J	K	L	B	O	H	P
P	P	Y	B	J	B	U	W	D	T	K	J	T	Q	H	U
K	X	I	W	Y	Z	E	N	A	P	K	I	N	O	A	Q

ALLERGY
PLATE
BREAD
TO EAT
INGREDIENTS
CASHIER
KITCHEN
CHICKEN
COFFEE
BOWL
MENU
KNIFE
SPICY
RESERVATION
SAUCE
WAITRESS
NAPKIN
DESSERT
MEAT
FOOD

23 - Geologie

C	L	B	O	V	G	T	P	N	X	C	G	B	D	V	M
Y	A	K	N	R	D	O	C	R	E	Y	A	L	I	K	G
U	S	L	A	T	S	Y	R	C	K	F	U	V	Q	R	L
W	G	A	C	M	O	L	T	E	N	L	O	Z	E	H	Q
K	E	R	L	I	J	P	G	Q	A	Z	F	Y	O	R	N
O	Y	O	O	A	U	F	F	L	J	G	T	L	P	W	N
S	S	C	V	T	S	M	F	G	F	K	B	I	A	D	U
T	E	X	H	H	P	L	A	T	E	A	U	S	X	V	J
O	R	R	E	P	T	B	Y	N	N	F	K	S	S	S	A
N	O	I	S	O	R	E	V	E	O	W	T	O	P	N	L
E	A	M	P	B	A	R	V	N	Z	W	A	F	B	P	H
E	C	P	M	D	T	E	T	I	T	C	A	L	A	T	S
N	I	E	K	A	U	Q	H	T	R	A	E	H	P	T	L
B	D	O	B	R	Z	J	N	N	A	H	W	E	X	I	Y
S	A	L	T	Z	B	P	G	O	U	Q	K	B	P	B	X
D	V	H	V	M	L	K	X	C	Q	J	B	A	K	N	J

EARTHQUAKE
CALCIUM
CONTINENT
EROSION
FOSSIL
GEYSER
MOLTEN
CAVERN
CORAL
CRYSTALS
QUARTZ
LAYER
LAVA
PLATEAU
STALACTITE
STONE
VOLCANO
ZONE
SALT
ACID

24 - Specerijen

G	F	E	G	C	W	R	V	N	U	N	Q	X	N	E	F
A	C	E	I	W	O	T	L	A	S	A	F	F	R	O	N
R	E	L	N	I	M	U	C	S	N	V	D	G	H	F	H
L	I	M	O	N	O	M	A	N	N	I	C	O	K	R	O
I	V	U	I	V	E	C	U	R	R	Y	L	R	U	Y	N
C	S	D	E	G	E	L	Q	O	D	P	K	L	Z	W	I
C	A	R	D	A	M	O	M	V	M	A	X	C	A	F	O
I	G	E	M	T	U	N	H	A	W	P	M	Y	H	E	N
Y	K	T	S	H	N	D	G	L	A	R	L	Y	L	N	I
F	S	T	J	Q	F	X	N	F	N	I	J	H	U	U	J
O	W	I	W	B	P	T	Q	P	I	K	I	R	L	G	K
D	K	B	B	N	I	K	J	X	S	A	C	A	V	R	R
T	X	L	N	I	K	M	D	T	E	E	W	S	J	E	Y
S	K	Q	S	A	I	Y	U	O	R	L	W	T	G	E	X
C	O	R	I	A	N	D	E	R	E	G	N	I	G	K	R
C	M	H	C	F	R	O	F	U	R	J	Y	K	U	G	V

ANISE
BITTER
FENUGREEK
GINGER
CINNAMON
CARDAMOM
CURRY
GARLIC
CUMIN
CORIANDER
CLOVE
NUTMEG
PAPRIKA
SAFFRON
FLAVOR
ONION
VANILLA
FENNEL
SWEET
SALT

25 - Archeologie

Q	T	R	E	P	X	E	F	Z	A	P	P	Q	C	A	P
U	E	D	M	H	Y	K	A	N	T	I	Q	U	I	T	Y
N	A	L	M	U	Q	K	R	N	E	D	U	A	L	O	R
R	M	I	E	W	M	L	E	W	P	E	N	I	E	K	E
A	E	L	P	M	E	T	O	Q	H	S	K	C	R	T	T
N	Z	S	G	N	I	D	N	I	F	C	N	I	S	F	S
A	U	E	E	L	Q	F	J	X	R	E	O	V	Q	R	Y
L	T	N	F	A	J	C	K	Z	U	N	W	I	E	A	M
Y	Y	O	V	O	R	Q	W	K	X	D	N	L	A	G	Y
S	C	B	J	A	S	C	T	L	K	A	S	I	G	M	D
I	E	D	G	R	A	S	H	O	X	N	S	Z	E	E	X
S	R	O	G	M	O	Y	I	E	M	T	V	A	K	N	T
V	B	W	N	X	F	H	Z	L	R	B	D	T	H	T	Z
F	O	R	G	O	T	T	E	N	I	V	M	I	U	S	S
I	F	Y	V	E	Q	S	T	C	E	J	B	O	K	W	S
E	V	A	L	U	A	T	I	O	N	S	K	N	N	U	R

ANALYSIS
CIVILIZATION
FINDINGS
BONES
EXPERT
EVALUATION
FOSSIL
FRAGMENTS
TOMB
MYSTERY
DESCENDANT
OBJECTS
UNKNOWN
RESEARCHER
ANTIQUITY
RELIC
TEAM
TEMPLE
ERA
FORGOTTEN

26 - Dans

N	M	Q	D	E	G	I	T	K	G	S	L	R	G	O	T
R	T	O	A	D	I	H	C	M	K	Y	X	R	I	D	X
X	L	C	I	A	N	I	D	D	H	K	F	C	B	T	Y
O	J	O	Y	F	U	L	C	X	Z	H	T	F	B	R	H
B	S	H	Y	E	X	P	R	E	S	S	I	V	E	A	P
R	D	R	D	P	O	S	T	U	R	E	D	E	R	D	A
P	E	M	O	V	E	M	E	N	T	R	A	R	U	I	R
C	I	H	B	J	W	F	U	V	C	E	V	H	T	T	G
Q	T	P	E	R	U	N	L	W	H	N	I	Y	L	I	O
A	J	Y	S	A	I	M	A	O	Y	T	S	T	U	O	E
M	U	S	I	C	R	T	P	H	L	R	U	H	C	N	R
G	R	A	C	E	B	S	J	Y	T	A	A	M	L	A	O
X	M	A	Y	M	E	D	A	C	A	P	L	X	I	L	H
E	M	O	T	I	O	N	Q	L	A	R	U	T	L	U	C
C	L	A	S	S	I	C	A	L	N	L	K	J	P	M	B
I	C	H	S	N	H	D	P	K	W	P	R	H	G	J	Y

ACADEMY
MOVEMENT
JOYFUL
CHOREOGRAPHY
CULTURAL
CULTURE
EMOTION
EXPRESSIVE
GRACE
POSTURE
CLASSICAL
ART
BODY
MUSIC
PARTNER
REHEARSAL
RHYTHM
JUMP
TRADITIONAL
VISUAL

27 - Ziekte

A	H	S	R	N	E	U	R	O	P	A	T	H	Y	E	W
I	B	E	I	G	E	N	E	T	I	C	S	B	S	P	Z
N	Y	D	A	N	C	O	N	T	A	G	I	O	U	S	F
F	T	Q	O	L	U	I	M	M	U	N	I	T	Y	E	G
L	V	Y	X	M	I	S	D	X	B	D	I	D	C	N	G
A	A	U	P	W	I	N	L	K	I	Y	D	O	B	O	Z
M	B	A	S	A	N	N	G	O	F	R	I	K	W	B	A
M	A	D	N	L	N	W	A	E	M	O	R	D	N	Y	S
A	C	H	R	L	B	X	H	L	Y	T	X	V	T	D	C
T	T	R	A	E	H	K	U	T	K	A	E	W	H	C	T
I	E	D	Y	R	A	T	I	D	E	R	E	H	E	F	M
O	R	E	G	G	K	W	I	C	T	I	U	T	R	Y	B
N	I	T	D	I	G	B	H	D	C	P	F	L	A	N	S
X	A	J	D	E	C	L	A	F	T	S	K	A	P	J	E
I	L	C	R	S	Y	Z	Y	Q	W	E	Q	E	Y	C	J
C	H	R	O	N	I	C	J	K	K	R	J	H	F	C	A

RESPIRATORY
ALLERGIES
BACTERIAL
CONTAGIOUS
BONES
ABDOMINAL
CHRONIC
HEREDITARY
GENETIC
HEALING

HEALTH
HEART
IMMUNITY
BODY
NEUROPATHY
INFLAMMATION
SINUS
SYNDROME
THERAPY
WEAK

28 - Mythologie

M	A	E	Z	Y	A	H	N	L	I	U	H	A	H	O	C
L	O	Q	C	T	N	B	E	P	Y	T	E	H	C	R	A
L	V	R	F	I	O	N	V	R	O	L	B	V	S	O	E
Q	T	X	T	L	S	G	A	E	O	E	U	P	T	I	R
G	F	X	C	A	Y	N	E	Q	Q	G	D	U	R	V	U
V	C	C	Y	T	L	I	H	Q	I	E	I	M	E	A	T
L	A	B	Y	R	I	N	T	H	J	N	S	H	N	H	A
W	Z	D	R	O	S	T	M	W	E	D	A	C	G	E	E
V	A	X	Z	M	F	H	S	Y	A	Q	S	R	T	B	R
C	N	R	Z	M	E	G	J	G	L	F	T	E	H	R	C
M	T	E	R	I	N	I	J	E	O	S	E	A	N	E	U
W	E	T	Q	I	I	L	I	D	U	C	R	T	N	V	L
T	G	S	P	P	O	Z	G	A	S	D	A	I	A	E	T
T	D	N	M	Y	R	R	Z	Y	Y	F	S	O	N	N	U
K	N	O	J	R	E	D	N	U	H	T	Y	N	J	G	R
P	U	M	U	V	H	U	U	T	C	N	U	O	L	E	E

ARCHETYPE
LIGHTNING
CREATION
CULTURE
THUNDER
LABYRINTH
BEHAVIOR
HERO
HEROINE
HEAVEN
JEALOUSY
STRENGTH
WARRIOR
LEGEND
MONSTER
IMMORTALITY
DISASTER
MORTAL
CREATURE
REVENGE

29 - Eten #1

E	S	N	F	R	O	B	H	T	R	B	M	O	S	C	J
V	T	O	R	R	A	C	A	N	R	S	T	K	T	U	Q
O	N	M	U	B	S	T	I	R	Z	M	B	P	R	G	D
T	I	A	Y	P	U	Z	R	E	L	D	B	S	A	C	I
S	A	N	O	M	E	L	P	B	C	E	E	P	W	P	O
A	P	N	K	W	I	L	Z	M	M	H	Y	I	B	E	U
L	X	I	K	N	L	J	Z	M	X	P	G	N	E	A	A
T	C	C	T	C	I	S	U	G	A	R	L	A	R	N	O
F	Q	S	O	P	S	A	L	A	D	O	J	C	R	U	J
W	Y	X	I	D	A	Y	P	E	A	R	T	H	Y	T	U
Z	C	W	C	O	B	S	N	S	N	D	O	C	C	G	I
Y	E	G	V	E	Q	S	B	N	U	O	C	R	P	A	C
E	S	Y	B	D	M	G	E	Y	T	M	I	F	Q	R	E
R	V	S	O	A	I	Z	W	U	R	I	R	N	D	L	E
V	M	P	C	U	X	M	E	A	T	L	P	C	O	I	E
B	L	S	I	M	H	J	M	Q	H	K	A	P	U	C	N

STRAWBERRY
APRICOT
BASIL
LEMON
BARLEY
CINNAMON
GARLIC
MILK
PEAR
PEANUT
SALAD
JUICE
SOUP
SPINACH
SUGAR
TUNA
ONION
MEAT
CARROT
SALT

30 - Avontuur

P	C	E	P	T	G	P	D	T	R	A	V	E	L	S	N
V	V	X	G	R	D	Y	U	A	F	I	P	Q	V	I	A
B	C	C	N	W	E	N	E	M	N	D	E	J	B	B	T
A	H	U	I	G	H	P	K	B	A	G	T	O	T	X	U
C	A	R	S	H	I	N	A	Y	Q	O	E	Y	Z	Y	R
T	L	S	I	Q	J	O	Y	R	E	V	A	R	B	T	E
I	L	I	R	V	M	I	T	F	A	Y	N	X	O	L	V
V	E	O	P	Z	S	T	U	R	T	T	O	M	H	U	L
I	N	N	R	M	A	A	A	I	S	E	I	Z	D	C	S
T	G	F	U	N	I	N	E	E	V	F	T	O	I	I	N
Y	E	R	S	N	S	I	B	N	H	A	A	V	N	F	C
G	S	D	T	R	U	T	C	D	J	S	G	A	B	F	J
X	S	S	R	Q	H	S	O	S	T	I	I	U	Q	I	A
E	M	F	K	D	T	E	U	H	S	N	V	I	Y	D	E
O	I	F	B	W	N	D	L	A	W	E	A	P	F	B	P
C	H	A	N	C	E	V	P	K	L	D	N	M	M	Q	C

ACTIVITY
DESTINATION
ENTHUSIASM
EXCURSION
DANGEROUS
CHANCE
BRAVERY
DIFFICULTY
NATURE
NAVIGATION
NEW
UNUSUAL
TRAVELS
BEAUTY
CHALLENGES
SAFETY
SURPRISING
PREPARATION
JOY
FRIENDS

31 - Restaurant #2

V	R	E	T	A	W	X	T	W	I	C	E	S	L	S	K
C	E	S	Y	K	V	Y	Y	F	D	L	J	O	U	A	T
J	T	G	U	T	H	P	K	P	I	D	V	U	N	L	M
E	I	J	E	Y	R	G	V	P	N	H	Y	P	C	A	C
P	A	W	I	T	I	U	R	F	N	Z	H	D	H	D	A
V	W	G	E	G	A	R	E	V	E	B	S	A	V	H	K
M	V	C	Z	Q	H	B	M	D	R	Q	C	Z	Z	P	E
B	U	B	T	J	C	Q	L	J	H	D	S	F	R	O	A
A	D	E	O	R	P	Z	Z	E	J	L	V	G	M	O	J
W	I	D	Z	X	H	Z	G	H	S	I	F	K	G	K	A
Q	R	T	J	B	U	W	X	J	W	E	O	U	T	V	C
S	E	L	D	O	O	N	U	U	M	N	C	S	U	H	H
E	P	E	B	X	C	R	B	P	E	M	F	I	V	M	A
S	U	O	I	C	I	L	E	D	G	U	O	D	P	L	X
D	F	X	O	S	A	L	T	J	G	A	R	R	U	S	P
W	G	O	D	N	U	A	O	I	S	O	K	T	C	Q	J

CAKE
DINNER
BEVERAGE
EGGS
FRUIT
VEGETABLES
DELICIOUS
ICE
SPOON
LUNCH
NOODLES
WAITER
SALAD
SOUP
SPICES
CHAIR
FISH
FORK
WATER
SALT

32 - De Media

N	E	W	S	P	A	P	E	R	S	X	P	X	H	O	F
P	U	B	L	I	C	O	G	W	K	N	N	G	N	N	U
N	O	I	T	A	C	I	N	U	M	M	O	C	H	L	N
C	O	M	M	E	R	C	I	A	L	P	I	M	T	I	D
I	I	I	J	L	U	U	K	R	O	W	T	E	N	N	I
N	Z	N	S	X	H	O	D	H	F	E	I	R	U	E	N
T	S	L	D	I	O	M	X	J	L	C	D	F	X	I	G
E	D	S	I	I	V	M	R	F	P	I	E	V	D	N	N
L	N	U	U	M	V	E	O	P	I	N	I	O	N	D	O
L	X	P	F	G	Q	I	L	J	L	Y	F	X	I	U	I
E	B	L	B	R	P	Z	D	E	V	M	S	O	D	S	T
C	F	L	O	C	A	L	T	U	T	I	A	R	Z	T	A
T	B	A	X	L	K	L	Y	X	A	X	A	A	Q	R	C
U	I	W	C	L	H	B	I	G	D	L	K	D	Z	Y	U
A	K	Y	R	T	E	F	H	I	L	A	T	I	G	I	D
L	X	Y	W	S	S	X	N	J	H	U	R	O	T	I	E

COMMERCIAL
COMMUNICATION
DIGITAL
EDITION
FACTS
FUNDING
INDIVIDUAL
INDUSTRY
INTELLECTUAL
NEWSPAPERS
LOCAL
OPINION
NETWORK
EDUCATION
ONLINE
PUBLIC
RADIO
TELEVISION

33 - Bijen

R	F	M	V	B	D	K	P	F	P	H	E	G	B	L	A
R	L	F	W	S	I	H	H	I	V	E	C	I	D	D	H
Q	O	T	C	G	V	A	Y	O	Q	D	O	V	Q	O	Z
H	W	J	Y	A	E	B	B	R	L	J	S	M	J	D	U
Y	E	N	O	H	R	I	F	H	A	W	Y	N	N	W	Z
Q	R	N	C	T	S	T	Y	K	I	F	S	E	B	R	C
U	S	I	N	P	I	A	J	G	C	R	T	D	O	O	F
E	U	Z	N	E	T	T	M	E	I	U	E	R	W	T	K
E	K	O	M	S	Y	I	R	T	F	I	M	A	U	A	O
N	R	V	R	H	E	I	G	N	E	T	V	G	X	N	X
P	O	L	L	E	N	C	W	I	N	G	S	P	E	I	V
I	D	H	G	K	H	B	T	X	E	S	G	R	Y	L	F
A	M	C	V	K	D	K	G	R	B	L	U	O	M	L	L
M	J	F	J	Q	Y	W	F	C	W	Q	C	N	Q	O	U
S	B	S	M	A	S	T	H	M	S	H	T	Q	C	P	X
P	U	X	I	B	L	O	S	S	O	M	R	A	W	S	B

POLLINATOR
HIVE
FLOWERS
BLOSSOM
DIVERSITY
ECOSYSTEM
FRUIT
HABITAT
HONEY
INSECT

QUEEN
SMOKE
POLLEN
GARDEN
WINGS
FOOD
BENEFICIAL
WAX
SUN
SWARM

34 - Wandelen

S	E	O	T	I	U	Q	S	O	M	F	T	K	S	E	G
P	U	T	C	U	Z	X	U	B	X	W	S	N	D	O	T
R	H	M	A	G	I	M	N	P	R	A	P	A	M	G	I
E	A	C	M	K	H	G	O	H	H	D	B	A	X	J	R
P	Z	L	N	I	A	N	I	M	A	L	S	C	R	V	E
A	A	I	A	X	T	R	T	I	E	I	E	L	P	K	D
R	R	M	T	I	X	T	A	X	B	W	N	I	O	V	S
A	D	A	U	S	V	H	T	I	H	C	O	F	M	Z	T
T	S	T	R	A	G	B	N	D	E	M	T	F	T	C	O
I	G	E	E	R	G	N	E	F	A	O	S	E	O	K	O
O	M	M	B	V	L	N	I	R	V	U	L	S	P	C	B
N	R	Q	W	U	R	R	R	P	Y	N	V	X	X	W	X
P	J	X	W	F	Z	G	O	X	M	T	D	U	C	A	Y
H	G	O	O	J	K	V	B	I	P	A	L	Q	M	T	Y
K	V	A	Y	A	N	M	U	J	M	I	C	P	W	E	M
X	X	U	P	U	J	P	R	L	V	N	J	R	S	R	W

MOUNTAIN
ANIMALS
HAZARDS
MAP
CAMPING
CLIFF
CLIMATE
BOOTS
TIRED
MOSQUITOES
NATURE
ORIENTATION
PARKS
STONES
SUMMIT
PREPARATION
WATER
WILD
SUN
HEAVY

35 - Ecologie

S	N	I	A	T	N	U	O	M	B	Z	U	L	T	X	S
P	T	C	O	M	M	U	N	I	T	I	E	S	Q	V	U
E	I	N	S	O	K	B	F	B	L	B	I	D	T	F	S
C	S	D	A	M	V	E	D	N	A	T	U	R	A	L	T
I	G	J	N	L	V	N	J	R	B	M	R	N	R	T	A
E	N	K	U	Y	P	I	K	K	O	P	I	U	O	Q	I
S	V	N	A	T	U	R	E	C	L	U	F	Z	L	P	N
S	U	E	F	J	P	A	G	R	G	E	G	L	F	V	A
E	N	T	G	O	W	M	A	R	S	H	T	H	W	Q	B
R	R	U	U	E	Q	H	T	H	F	M	N	G	T	C	L
W	A	Z	D	Y	T	I	S	R	E	V	I	D	A	L	E
E	I	B	F	T	L	A	V	I	V	R	U	S	T	I	R
A	Y	J	H	T	Z	Y	T	E	I	R	A	V	I	M	E
C	F	W	Z	J	O	P	O	I	U	L	A	D	B	A	W
F	G	X	W	U	A	X	D	E	O	P	B	O	A	T	M
V	O	L	U	N	T	E	E	R	S	N	A	R	H	E	L

MOUNTAINS
DIVERSITY
DROUGHT
SUSTAINABLE
FAUNA
FLORA
COMMUNITIES
GLOBAL
HABITAT
CLIMATE

MARINE
MARSH
NATURE
NATURAL
SURVIVAL
PLANTS
SPECIES
VARIETY
VEGETATION
VOLUNTEERS

36 - Biologie

A	H	Q	N	O	I	T	A	R	I	P	S	E	R	S	C
B	N	M	E	Q	N	O	I	T	U	L	O	V	E	Y	H
K	O	A	M	M	J	G	J	B	M	A	P	Z	P	M	R
W	R	V	T	W	B	I	D	N	Y	M	F	F	T	B	O
Q	U	O	V	O	L	R	I	S	S	M	E	H	I	I	M
A	E	U	V	B	M	T	Y	H	K	A	M	I	L	O	O
P	N	Z	N	Z	I	Y	P	O	Y	M	C	X	E	S	S
X	P	S	L	O	M	U	T	A	T	I	O	N	N	I	O
O	S	M	O	S	I	S	C	N	A	O	B	N	O	S	M
P	R	O	T	E	I	N	C	E	Y	B	A	E	M	E	E
S	Y	N	A	P	S	E	L	G	L	V	C	R	R	I	M
Z	K	X	H	I	V	K	R	A	H	L	T	V	O	E	Y
C	U	N	A	T	U	R	A	L	H	S	E	E	H	Z	Z
Q	R	Q	Z	F	V	K	N	L	P	D	R	V	A	E	N
T	I	X	U	Q	F	G	X	O	P	U	I	I	X	B	E
N	W	C	O	S	I	U	S	C	X	R	A	O	Y	J	N

RESPIRATION
ANATOMY
BACTERIA
CELL
CHROMOSOME
COLLAGEN
PROTEIN
EMBRYO
ENZYME
EVOLUTION
HORMONE
MUTATION
NATURAL
NEURON
OSMOSIS
REPTILE
SYMBIOSIS
SYNAPSE
NERVE
MAMMAL

37 - Landen #1

Z	W	C	G	N	Y	A	A	A	A	C	G	Z	O	J	I
Q	K	S	A	Y	B	I	L	Q	T	Z	A	K	W	S	T
M	L	T	B	M	E	W	A	Z	X	Q	V	N	K	N	A
U	O	W	A	V	B	B	K	N	M	H	F	V	A	H	L
I	C	R	Q	R	Q	O	N	O	R	W	A	Y	M	D	Y
G	J	V	O	Y	T	Q	D	D	N	I	S	K	B	J	A
L	R	N	P	C	C	F	G	I	A	L	X	F	Z	N	H
E	L	I	H	C	C	R	G	D	A	G	Z	O	G	H	O
B	T	X	B	C	R	O	X	B	G	G	W	A	E	I	T
N	I	C	A	R	A	G	U	A	P	D	S	R	R	R	X
I	G	K	I	E	E	P	O	L	A	N	D	G	M	A	A
A	C	H	S	J	G	L	A	T	V	I	A	G	A	Q	U
P	B	U	R	D	Y	S	E	N	E	G	A	L	N	L	C
S	L	U	A	H	P	R	O	M	A	N	I	A	Y	Z	Y
J	P	Z	E	U	T	U	E	Q	Z	O	B	K	I	X	J
Y	F	V	L	B	R	A	Z	I	L	P	A	N	A	M	A

BELGIUM
BRAZIL
CAMBODIA
CANADA
CHILE
GERMANY
EGYPT
IRAQ
ISRAEL
ITALY
LATVIA
LIBYA
MOROCCO
NICARAGUA
NORWAY
PANAMA
POLAND
ROMANIA
SENEGAL
SPAIN

38 - Installaties

H	R	Y	K	V	E	Z	H	M	O	M	Q	U	L	C	D
S	E	P	O	M	Q	O	S	M	E	U	Z	L	Z	N	D
U	C	R	E	Z	I	L	I	T	R	E	F	E	T	T	H
B	O	O	B	M	A	B	B	E	A	N	D	A	N	G	P
T	S	E	R	O	F	E	J	J	Y	T	D	F	O	F	B
V	R	E	W	U	U	R	G	A	R	D	E	N	X	R	V
K	E	E	I	K	U	R	G	R	L	X	H	R	N	R	L
U	C	G	E	R	O	Y	W	O	F	A	D	B	B	M	Y
B	R	U	E	Q	F	R	R	L	P	O	O	M	Q	M	C
P	O	J	C	T	K	B	T	F	W	M	H	Q	Z	J	V
Z	O	R	G	K	A	F	O	L	I	A	G	E	G	C	F
M	T	Z	D	V	N	T	H	V	A	U	Z	I	I	T	L
C	A	C	T	U	S	G	I	W	C	F	H	C	J	W	O
G	R	A	S	S	S	V	W	O	K	Z	Z	H	L	B	W
X	P	F	R	D	O	J	T	Z	N	S	F	M	N	T	E
A	P	M	D	M	M	I	V	Y	B	O	T	A	N	Y	R

BAMBOO
BERRY
LEAF
FLOWER
TREE
BEAN
FOREST
CACTUS
FLORA
FOLIAGE

GRASS
IVY
HERB
FERTILIZER
MOSS
BOTANY
BUSH
GARDEN
VEGETATION
ROOT

39 - Agronomie

S	C	I	E	N	C	E	E	R	O	S	I	O	N	P	D
D	I	A	R	H	C	R	A	E	S	E	R	Q	O	O	I
E	N	E	U	U	N	T	Y	Z	U	L	L	A	I	L	S
E	A	C	T	C	R	N	S	I	S	B	Z	Q	T	L	E
S	G	O	L	E	N	E	T	L	T	A	J	P	C	U	A
P	R	L	U	N	X	M	Y	I	A	T	I	C	U	T	S
T	O	O	C	E	D	N	R	T	I	E	R	L	D	I	E
R	D	G	I	R	S	O	O	R	N	G	Q	U	O	O	S
H	Z	Y	R	G	Y	R	O	E	A	E	E	T	R	N	J
C	T	F	G	Y	S	I	X	F	B	V	A	H	P	A	C
K	S	A	A	C	T	V	X	P	L	W	A	T	E	R	L
N	C	K	H	Y	E	N	C	C	E	C	X	W	V	D	H
Y	K	H	C	O	M	E	Y	B	C	P	Z	O	I	J	I
E	M	T	A	Z	S	I	R	G	V	M	Y	R	V	R	L
D	H	E	K	G	P	Z	R	P	Y	B	B	G	X	R	T
A	X	A	Y	M	L	D	Q	C	P	G	M	S	V	U	T

SUSTAINABLE
ECOLOGY
ENERGY
EROSION
GROWTH
VEGETABLES
AGRICULTURE
RURAL
FERTILIZER
ENVIRONMENT

RESEARCH
ORGANIC
PRODUCTION
SYSTEMS
POLLUTION
FOOD
WATER
SCIENCE
SEEDS
DISEASES

40 - Oceaan

Y	S	U	P	O	T	C	O	R	D	S	O	R	M	N	Z
B	T	Z	E	R	P	R	G	E	O	A	G	Q	R	U	J
V	O	A	E	L	T	R	U	T	L	L	O	C	Y	J	Q
V	R	R	L	O	R	F	G	S	P	T	M	T	J	R	C
H	M	P	A	G	T	O	C	Y	H	W	A	U	E	K	T
Y	O	G	H	A	A	T	O	O	I	V	A	N	L	J	V
M	W	M	W	H	E	E	R	T	N	S	J	A	L	B	B
Q	K	U	R	I	G	G	A	I	N	H	G	W	Y	V	Q
X	J	Z	J	T	U	N	L	D	H	A	T	Y	F	Q	L
K	R	R	A	Z	F	O	G	E	N	R	F	P	I	B	J
J	M	X	C	C	M	P	E	S	N	K	N	S	S	J	O
Y	F	D	W	C	Z	S	C	B	A	R	C	H	H	D	F
C	G	A	F	J	B	M	F	A	O	K	Z	R	S	C	K
E	E	L	A	Z	K	F	X	G	V	A	L	I	Y	I	W
K	Z	D	S	C	Q	C	R	E	E	F	T	M	G	N	F
J	Y	V	Y	M	U	S	E	A	T	N	R	P	E	W	A

EEL
ALGAE
BOAT
DOLPHIN
SHRIMP
TIDES
SHARK
CORAL
CRAB
JELLYFISH
OCTOPUS
OYSTER
REEF
TURTLE
SPONGE
STORM
TUNA
FISH
WHALE
SALT

41 - Landen #2

I	J	L	A	O	S	F	R	A	N	C	E	A	Q	J	R
G	N	A	I	S	Y	A	L	A	M	E	X	I	C	O	U
X	R	D	P	X	F	I	N	I	A	N	M	R	I	V	S
D	Q	E	O	A	I	R	J	L	R	I	O	E	R	N	S
Z	M	P	E	N	N	Y	D	A	W	A	G	B	E	C	I
V	X	R	A	C	E	S	N	M	Q	R	Q	I	L	X	A
R	Q	O	W	B	E	S	A	O	M	K	J	L	A	U	I
H	A	I	M	Z	W	F	I	S	V	U	Z	K	N	G	P
S	Q	Q	R	W	S	K	R	A	M	N	E	D	D	A	O
A	L	F	U	J	D	Y	E	G	D	U	R	U	T	N	I
U	I	Z	W	Z	H	M	G	Y	K	E	N	Y	A	D	H
N	E	P	A	L	C	X	I	L	Z	W	B	M	I	A	T
A	J	Y	I	M	R	N	N	O	N	A	B	E	L	Y	E
H	J	O	M	D	Z	O	H	Z	K	R	I	L	E	Z	T
S	W	H	U	L	Q	O	G	U	T	D	W	P	M	F	V
V	N	R	Z	D	A	F	S	Y	M	A	N	E	K	W	Z

DENMARK
ETHIOPIA
FRANCE
GREECE
IRELAND
INDONESIA
JAPAN
KENYA
LAOS
LEBANON
LIBERIA
MALAYSIA
MEXICO
NEPAL
NIGERIA
UGANDA
UKRAINE
RUSSIA
SOMALIA
SYRIA

42 - Bloemen

D	L	A	N	O	L	L	D	U	H	J	P	P	Z	D	D
A	V	L	S	G	M	I	Z	L	B	X	Z	E	G	A	A
I	I	M	Z	I	R	D	L	X	W	Z	S	T	Z	F	N
S	T	M	X	Q	M	L	T	Y	K	F	G	A	B	F	D
Y	E	M	Y	Z	K	Y	B	O	D	K	R	L	O	O	E
P	A	S	S	I	O	N	F	L	O	W	E	R	U	D	L
P	I	I	O	Q	K	O	U	U	Q	I	D	E	Q	I	I
O	L	B	N	X	O	E	C	R	A	V	N	V	U	L	O
P	O	J	D	E	F	P	A	D	I	Z	E	O	E	D	N
L	N	J	A	U	D	I	H	C	R	O	V	L	T	O	I
A	G	B	A	S	N	R	S	V	E	G	A	C	K	B	G
O	A	E	Q	H	M	P	A	F	M	A	L	R	O	S	E
L	M	I	H	S	N	I	Y	G	U	T	Q	D	Q	F	I
Y	T	Y	T	F	I	L	N	U	L	P	Q	V	W	W	M
H	I	B	I	S	C	U	S	E	P	W	Q	I	G	V	R
W	I	D	J	H	E	T	S	U	N	F	L	O	W	E	R

PETAL
BOUQUET
GARDENIA
HIBISCUS
JASMINE
CLOVER
LAVENDER
LILY
DAISY
MAGNOLIA
DAFFODIL
ORCHID
DANDELION
POPPY
PASSIONFLOWER
PEONY
PLUMERIA
ROSE
TULIP
SUNFLOWER

43 - Landschappen

O	F	H	O	U	W	Y	F	B	G	V	G	P	F	O	P
P	K	L	O	X	A	N	P	K	E	V	A	C	F	S	E
R	I	V	E	R	T	R	R	R	Y	V	I	L	H	I	P
D	P	F	T	X	E	S	L	D	S	A	F	M	L	L	Y
E	E	N	U	W	R	U	W	N	E	K	A	L	B	E	P
S	N	V	N	G	F	X	D	A	R	B	O	J	Z	A	Y
E	I	W	D	L	A	N	V	L	M	A	V	T	A	Z	V
R	N	K	R	O	L	K	H	S	E	P	S	L	M	X	I
T	S	E	A	O	L	G	N	I	A	T	N	U	O	M	Z
R	U	K	K	O	X	X	A	G	L	E	E	D	N	C	D
F	L	V	J	A	X	S	E	L	A	L	X	P	A	O	B
Y	A	Q	R	S	F	E	C	A	G	T	N	C	C	S	E
X	X	H	Q	I	W	A	O	C	T	K	L	T	L	P	A
O	F	J	Q	S	E	B	N	I	D	I	T	U	O	X	C
I	C	E	B	E	R	G	A	E	X	Z	D	M	V	W	H
L	Q	R	R	S	F	N	R	R	Y	H	W	L	X	B	V

MOUNTAIN
ISLAND
GEYSER
GLACIER
CAVE
HILL
ICEBERG
LAKE
SWAMP
OASIS
OCEAN
RIVER
PENINSULA
BEACH
TUNDRA
VALLEY
VOLCANO
WATERFALL
DESERT
SEA

44 - Tuin

J	S	S	R	D	V	P	N	G	Z	R	I	E	S	C	W
D	F	F	Y	X	W	O	E	W	S	S	S	B	X	F	X
J	L	V	U	I	C	R	B	Z	A	Q	B	C	P	P	A
V	I	N	E	V	B	K	G	U	T	E	H	G	Z	G	R
R	O	I	I	L	Y	T	S	F	S	E	K	A	R	A	O
J	T	R	E	E	S	O	H	L	D	H	I	R	E	R	C
X	I	D	X	Y	P	Y	D	O	E	C	U	D	N	A	K
K	L	P	K	V	W	Y	I	W	E	N	D	E	I	G	S
F	E	N	C	E	C	M	R	E	W	E	R	N	L	E	S
H	V	E	O	Y	T	G	I	R	Y	B	A	W	O	P	A
D	O	A	M	A	V	E	N	D	M	I	H	A	P	P	R
E	H	E	M	Y	L	O	R	F	F	E	C	L	M	D	G
I	S	K	A	S	L	S	F	R	A	R	R	W	A	C	G
Q	F	E	H	A	C	Z	F	P	A	Y	O	Z	R	T	V
E	G	H	K	H	Q	Y	L	E	J	C	H	S	T	H	B
C	K	S	A	P	P	Y	R	S	T	A	E	K	O	B	J

BENCH
FLOWER
TREE
ORCHARD
GARAGE
LAWN
GRASS
HAMMOCK
RAKE
FENCE
WEEDS
ROCKS
SHOVEL
HOSE
BUSH
TERRACE
TRAMPOLINE
GARDEN
POND
VINE

45 - Beroepen #2

U	R	I	B	I	S	J	L	M	X	I	P	O	K	J	J
P	I	O	I	S	X	T	I	D	E	N	T	I	S	T	O
I	N	E	O	C	J	T	B	F	A	R	M	E	R	O	U
V	V	V	L	E	X	Z	R	E	H	C	A	E	T	L	R
G	E	I	O	R	O	T	A	R	T	S	U	L	L	I	N
A	N	T	G	L	E	U	R	L	O	J	S	I	X	P	A
R	T	C	I	A	F	E	I	M	I	J	Z	W	K	P	L
D	O	E	S	K	S	S	A	P	Y	N	D	L	C	I	I
E	R	T	T	K	B	T	N	P	A	G	G	W	E	N	S
N	O	E	G	R	U	S	R	L	O	I	D	U	L	P	T
E	G	D	F	E	D	W	I	O	K	W	N	E	I	D	X
R	E	N	G	I	N	E	E	R	N	L	T	T	U	S	L
P	H	Y	S	I	C	I	A	N	Z	A	Y	M	E	W	T
P	H	I	L	O	S	O	P	H	E	R	U	M	R	R	U
P	H	O	T	O	G	R	A	P	H	E	R	T	K	J	T
R	E	S	E	A	R	C	H	E	R	H	T	G	S	V	N

PHYSICIAN
ASTRONAUT
LIBRARIAN
BIOLOGIST
FARMER
SURGEON
DETECTIVE
PHILOSOPHER
PHOTOGRAPHER
ILLUSTRATOR
ENGINEER
JOURNALIST
TEACHER
LINGUIST
RESEARCHER
PILOT
PAINTER
DENTIST
GARDENER
INVENTOR

46 - Dagen en Maanden

A	J	B	O	W	E	D	N	E	S	D	A	Y	L	U	J
N	U	S	E	P	T	E	M	B	E	R	Z	X	F	O	B
K	Z	G	W	Y	B	F	T	W	E	N	M	S	C	S	J
Y	R	A	U	N	A	J	H	W	A	K	U	A	T	A	V
E	N	U	J	S	Y	Q	T	V	F	N	K	R	R	L	K
A	S	T	V	S	T	X	G	W	Z	L	G	A	A	C	N
R	U	B	Y	A	D	S	R	U	H	T	G	D	Y	G	H
Z	N	D	A	T	T	I	T	P	Z	O	Q	N	Y	W	T
U	D	O	D	U	D	U	O	C	T	O	B	E	R	E	N
N	A	Z	I	R	O	N	E	J	U	N	V	L	A	E	O
R	Y	Z	R	D	X	F	N	S	Z	Q	D	A	U	K	M
W	H	U	F	A	W	I	A	K	D	K	A	C	R	X	O
F	Y	C	Y	Y	A	D	N	O	M	A	Q	K	B	W	L
N	O	V	E	M	B	E	R	J	I	E	Y	A	E	D	D
U	T	X	K	Q	V	K	F	C	C	O	J	S	F	N	N
X	F	Y	K	D	V	C	U	G	P	T	P	X	Z	Y	U

AUGUST
TUESDAY
THURSDAY
FEBRUARY
YEAR
JANUARY
JULY
JUNE
CALENDAR
MONTH
MONDAY
MARCH
NOVEMBER
OCTOBER
SEPTEMBER
FRIDAY
WEEK
WEDNESDAY
SATURDAY
SUNDAY

47 - Mode

O	T	Z	D	O	J	M	P	V	B	E	L	R	B	B	T
O	P	Q	Z	R	G	Y	O	Z	S	U	J	M	P	U	R
B	O	U	T	I	Q	U	E	D	E	A	N	K	K	T	E
X	U	P	W	P	O	P	B	Z	E	L	Y	T	S	T	N
I	T	O	I	L	T	F	W	E	S	S	J	C	P	O	D
Z	K	C	O	D	S	V	A	L	M	W	T	L	A	N	M
E	Y	R	E	D	I	O	R	B	M	E	G	O	T	S	O
L	A	C	E	E	L	P	J	A	R	V	E	T	T	N	D
B	Q	P	R	L	A	R	C	T	H	I	D	H	E	H	E
A	S	X	U	E	M	A	S	R	J	S	C	I	R	F	R
D	T	Z	T	G	I	C	X	O	C	N	P	N	N	O	N
R	M	M	X	A	N	T	V	F	T	E	E	G	E	E	O
O	C	Q	E	N	I	I	R	M	E	P	A	O	B	X	D
F	E	M	T	T	M	C	E	O	T	X	X	M	M	V	V
F	Z	D	Z	I	R	A	N	C	Z	E	L	P	M	I	S
A	V	Q	L	L	O	L	A	N	I	G	I	R	O	U	X

MODEST
AFFORDABLE
EMBROIDERY
COMFORTABLE
EXPENSIVE
SIMPLE
ELEGANT
LACE
CLOTHING
BUTTONS
MINIMALIST
MODERN
ORIGINAL
PATTERN
PRACTICAL
STYLE
FABRIC
TEXTURE
TREND
BOUTIQUE

48 - Tuinieren

P	S	M	M	U	J	P	W	A	I	C	N	R	C	C	G
K	F	P	F	K	W	N	A	H	O	S	E	U	K	Q	B
P	B	J	E	P	A	L	T	E	U	Q	U	O	B	D	D
B	Y	N	C	C	F	L	E	T	A	M	I	L	C	R	F
A	X	B	D	K	I	D	R	A	H	C	R	O	M	L	T
L	A	R	O	L	F	E	B	Y	A	H	U	Q	C	K	C
V	Y	B	H	T	L	R	S	D	L	I	Q	H	K	E	H
E	B	A	L	R	A	E	L	B	I	D	E	T	R	Y	C
V	G	M	S	I	N	N	M	O	S	S	O	L	B	U	H
I	S	J	M	D	O	I	I	O	L	E	A	F	U	H	Q
A	O	C	G	T	S	A	B	C	I	T	O	X	E	S	R
D	I	L	H	M	A	T	I	S	A	S	G	O	S	A	S
K	L	G	U	U	E	N	O	G	B	L	T	W	Q	Z	E
W	B	C	S	T	S	O	P	M	O	C	Z	U	P	O	E
F	U	P	D	I	A	C	J	H	Q	Z	Q	K	R	J	D
F	O	L	I	A	G	E	S	D	Q	Z	B	T	Z	E	S

LEAF
FLORAL
BLOSSOM
SOIL
BOUQUET
ORCHARD
BOTANICAL
COMPOST
CONTAINER
EDIBLE
EXOTIC
FOLIAGE
CLIMATE
SEASONAL
HOSE
SPECIES
MOISTURE
DIRT
WATER
SEEDS

49 - Menselijk Lichaam

N	H	T	H	E	A	D	S	M	O	U	T	H	B	W	U
U	V	P	X	C	J	C	T	B	L	O	O	D	S	S	D
R	A	C	K	S	P	B	O	V	X	A	E	F	D	S	G
A	B	T	C	S	S	R	M	T	N	H	G	I	B	D	V
O	N	B	E	H	I	B	A	K	N	E	E	N	B	M	U
O	I	K	N	S	I	X	C	M	O	W	Y	G	S	E	F
B	A	H	L	O	X	N	H	I	Y	C	Z	E	V	B	J
U	R	W	X	E	W	I	M	M	G	A	G	R	K	W	Y
U	B	B	I	P	V	K	B	K	P	A	K	A	L	L	L
G	R	O	Q	V	Z	S	I	N	Y	W	S	Y	J	E	F
J	A	W	O	B	L	E	H	G	C	Z	C	X	L	S	G
H	E	A	R	T	T	S	A	K	A	U	X	F	S	G	Z
K	U	B	N	N	E	Y	N	M	T	X	B	K	A	J	W
F	P	Z	D	O	R	E	D	L	U	O	H	S	B	V	F
W	D	R	A	S	I	F	Q	W	K	Y	B	Q	Q	Q	M
H	C	Y	H	E	T	T	O	N	G	U	E	Z	J	B	W

LEG
BLOOD
ELBOW
ANKLE
HAND
HEART
BRAIN
HEAD
SKIN
JAW
CHIN
KNEE
STOMACH
MOUTH
NECK
NOSE
EAR
SHOULDER
TONGUE
FINGER

50 - Energie

Q	G	H	E	C	G	R	B	M	Z	R	N	O	R	I	W
H	E	A	T	N	E	E	P	A	I	H	D	R	Y	P	D
S	T	E	A	M	N	N	O	R	T	C	E	L	E	H	C
T	A	N	D	V	V	E	N	O	I	T	U	L	L	O	P
V	Q	I	D	N	I	W	U	Z	P	W	E	D	Z	T	D
O	J	L	W	Z	R	A	J	B	B	K	G	R	E	O	D
O	B	O	L	N	O	B	R	A	C	Y	M	A	Y	N	O
W	W	S	C	S	N	L	E	U	F	Y	A	E	X	E	H
M	Q	A	E	S	M	E	G	G	C	X	Q	L	U	G	G
I	O	G	Q	V	E	D	I	E	S	E	L	C	R	O	C
N	W	T	U	Z	N	A	M	X	G	K	L	U	N	R	A
H	V	K	O	D	T	Z	S	B	R	O	W	N	Q	D	J
U	O	C	I	R	T	C	E	L	E	I	T	W	I	Y	V
K	F	M	F	K	P	E	N	T	R	O	P	Y	R	H	G
B	L	G	Q	B	I	N	D	U	S	T	R	Y	A	C	F
T	U	R	B	I	N	E	B	Y	U	C	M	X	A	O	P

BATTERY
GASOLINE
FUEL
DIESEL
ELECTRIC
ELECTRON
ENTROPY
PHOTON
RENEWABLE
INDUSTRY
CARBON
MOTOR
NUCLEAR
ENVIRONMENT
STEAM
TURBINE
POLLUTION
HEAT
HYDROGEN
WIND

51 - Familie

G	R	A	N	D	M	O	T	H	E	R	U	K	J	S	J
I	I	A	I	S	R	L	N	D	O	K	K	G	R	Z	O
R	K	W	E	E	X	P	W	F	A	Z	X	R	D	O	T
K	Q	M	A	V	T	W	G	H	P	A	I	A	M	D	B
F	E	H	U	W	R	E	H	T	A	F	D	N	A	R	G
B	A	W	N	E	R	D	L	I	H	C	F	D	K	E	P
Y	G	T	T	H	Z	G	R	D	N	A	B	S	U	H	A
C	Y	X	H	P	L	R	E	O	C	B	T	O	U	T	T
X	D	L	T	E	F	A	T	O	T	N	U	N	N	O	E
K	M	S	M	N	R	N	H	H	P	S	C	A	C	R	R
W	Z	Z	V	D	C	D	G	D	F	D	E	Q	L	B	N
E	F	W	W	J	L	C	U	L	S	F	G	C	E	C	A
C	H	I	L	D	M	H	A	I	W	I	F	E	N	S	L
E	N	G	C	L	Y	I	D	H	M	Z	H	C	N	A	H
I	U	S	Z	L	N	L	P	C	S	I	S	T	E	R	D
N	X	Q	M	W	F	D	M	O	T	H	E	R	P	Y	W

BROTHER
DAUGHTER
GRANDMOTHER
CHILDHOOD
CHILD
CHILDREN
GRANDCHILD
GRANDSON
HUSBAND
MOTHER
NEPHEW
NIECE
UNCLE
GRANDFATHER
AUNT
FATHER
PATERNAL
ANCESTOR
WIFE
SISTER

52 - Gebouwen

T	R	R	F	Z	H	O	W	Y	L	B	M	J	C	T	U
O	F	M	M	A	M	E	N	I	C	U	U	C	H	N	Y
W	Y	T	P	S	C	Y	A	J	T	H	E	A	T	E	R
E	R	W	O	Y	M	T	L	R	N	M	S	F	T	M	O
R	O	L	A	O	Z	I	O	E	E	G	U	F	D	T	T
C	T	Z	U	Q	B	S	O	R	T	P	M	N	G	R	A
H	A	Z	S	S	W	R	H	S	Y	U	T	W	D	A	V
O	R	S	E	O	R	E	C	D	V	S	C	T	F	P	R
S	O	K	T	D	W	V	S	U	P	D	S	X	S	A	E
P	B	N	R	L	K	I	H	K	U	T	L	A	P	N	S
I	A	T	U	F	E	N	H	O	T	E	L	Y	B	G	B
T	L	E	B	Y	Q	U	Z	Y	R	J	D	N	B	M	O
A	F	J	P	V	S	P	F	X	H	V	Q	E	S	R	E
L	C	A	B	I	N	R	A	B	I	H	V	A	C	A	Z
S	T	A	D	I	U	M	G	J	J	O	U	P	I	F	F
S	U	P	E	R	M	A	R	K	E	T	M	W	K	O	V

EMBASSY
APARTMENT
CINEMA
FARM
CABIN
FACTORY
HOTEL
CASTLE
LABORATORY
MUSEUM
OBSERVATORY
SCHOOL
BARN
STADIUM
SUPERMARKET
TENT
THEATER
TOWER
UNIVERSITY
HOSPITAL

53 - Kunst

S	D	H	I	V	O	F	S	L	S	C	F	R	V	N	C
W	U	X	B	U	K	M	U	U	F	O	I	M	C	T	O
T	I	R	E	T	A	E	R	C	S	G	G	E	U	P	M
F	X	S	R	C	V	U	J	A	M	C	U	Y	R	A	P
L	P	P	M	E	Y	R	T	E	O	P	R	N	A	I	O
V	X	R	W	J	A	F	D	Z	D	T	E	D	D	N	S
C	P	Y	H	B	R	L	A	N	O	S	R	E	P	T	I
I	O	K	E	U	T	O	I	E	O	E	H	R	I	I	T
M	S	M	Z	S	R	Q	R	S	M	N	M	I	W	N	I
A	T	W	P	K	O	A	X	I	M	O	L	P	P	G	O
R	F	Z	E	L	P	M	I	S	G	H	P	S	V	S	N
E	U	I	M	Z	E	J	Z	J	Q	I	L	N	A	I	X
C	I	B	I	K	T	X	B	L	D	V	N	I	Q	O	L
E	X	P	R	E	S	S	I	O	N	D	D	A	U	I	T
S	Y	M	B	O	L	A	U	S	I	V	S	Q	L	D	H
S	C	U	L	P	T	U	R	E	R	M	U	N	U	I	T

SCULPTURE
COMPLEX
CREATE
SIMPLE
HONEST
FIGURE
INSPIRED
MOOD
CERAMIC
SUBJECT
ORIGINAL
PERSONAL
POETRY
PORTRAY
COMPOSITION
PAINTINGS
SURREALISM
SYMBOL
EXPRESSION
VISUAL

54 - Beroepen #1

D	G	X	P	C	J	R	Q	R	B	Y	B	K	J	A	B
L	L	N	T	H	V	R	E	M	O	N	O	R	T	S	A
B	F	B	S	N	A	I	R	A	N	I	R	E	T	E	V
B	Z	T	I	U	H	R	O	T	C	O	D	L	L	C	Y
U	G	I	G	T	E	U	M	Z	B	K	R	E	P	A	T
N	W	H	O	V	Y	D	J	A	V	V	O	W	L	R	Q
A	T	H	L	E	T	E	I	J	C	T	D	E	U	T	D
I	S	X	O	S	F	F	P	T	E	I	A	J	M	O	N
C	I	N	H	R	L	M	Q	O	O	T	S	G	B	G	P
I	G	D	C	U	T	Q	Z	E	B	R	S	T	E	R	I
S	O	E	Y	N	D	A	Z	A	M	E	A	Z	R	A	A
U	L	N	S	S	I	A	N	I	Y	K	B	U	E	P	N
M	O	Y	P	V	Q	E	N	F	X	N	M	S	T	H	I
Y	E	N	R	O	T	T	A	C	T	A	A	Y	N	E	S
U	G	H	K	V	N	B	H	P	E	B	H	H	U	R	T
S	C	I	E	N	T	I	S	T	U	R	U	C	H	P	M

ATTORNEY
AMBASSADOR
PHARMACIST
ASTRONOMER
ATHLETE
BANKER
CARTOGRAPHER
DANCER
VETERINARIAN
DOCTOR
EDITOR
GEOLOGIST
HUNTER
JEWELER
PLUMBER
MUSICIAN
PIANIST
PSYCHOLOGIST
NURSE
SCIENTIST

55 - Antarctica

I	T	E	M	P	E	R	A	T	U	R	E	Y	P	N	X
G	S	L	A	R	E	N	I	M	L	D	G	F	V	L	A
L	N	L	R	S	F	F	Y	B	N	B	C	M	R	I	Z
A	I	S	A	L	U	S	N	I	N	E	P	D	Y	C	P
C	U	V	T	N	E	M	N	O	R	I	V	N	E	E	W
I	G	F	V	Y	D	I	G	P	V	C	E	Z	R	K	A
E	N	S	U	N	G	S	Y	B	A	Y	K	C	O	R	T
R	E	H	C	R	A	E	S	E	R	U	K	B	G	M	E
S	P	R	K	E	M	K	O	C	G	I	L	D	I	I	R
Q	Z	A	H	J	J	Q	U	G	L	M	D	E	N	G	K
C	K	F	J	F	M	G	Y	C	R	O	C	O	M	R	T
S	C	I	E	N	T	I	F	I	C	A	U	D	W	A	U
E	X	P	E	D	I	T	I	O	N	J	P	D	K	T	T
T	O	P	O	G	R	A	P	H	Y	M	W	H	S	I	A
C	O	N	T	I	N	E	N	T	O	L	N	W	Y	O	G
X	C	O	N	S	E	R	V	A	T	I	O	N	A	N	H

BAY
CONSERVATION
CONTINENT
ISLANDS
EXPEDITION
GEOGRAPHY
GLACIERS
ICE
MIGRATION
MINERALS
ENVIRONMENT
RESEARCHER
PENGUINS
ROCKY
PENINSULA
TEMPERATURE
TOPOGRAPHY
WATER
SCIENTIFIC
CLOUDS

56 - Ballet

Y	C	O	M	P	O	S	E	R	H	X	G	Y	V	F	F
A	H	K	Y	W	S	S	K	I	L	L	E	U	C	M	Y
Z	R	R	E	H	E	A	R	S	A	L	S	A	P	M	H
K	Y	T	I	S	N	E	T	N	I	I	T	T	W	G	P
E	U	Q	I	N	H	C	E	T	O	N	U	D	Z	Z	A
U	O	X	J	S	O	N	P	F	L	E	R	R	B	Y	R
P	Q	I	G	K	T	X	G	V	C	C	E	R	U	S	G
M	P	P	B	O	Z	I	A	R	T	S	E	H	C	R	O
A	U	R	S	C	R	H	C	W	M	S	S	Y	G	E	E
S	V	S	A	N	I	R	E	L	L	A	B	T	R	C	R
H	Z	I	C	C	P	M	G	C	H	V	J	H	A	N	O
T	P	E	R	L	T	Y	I	M	W	V	L	M	C	A	H
J	T	E	C	N	E	I	D	U	A	V	F	R	E	D	C
M	U	S	I	C	H	S	C	J	L	X	E	P	F	Q	C
A	P	P	L	A	U	S	E	E	L	Y	T	S	U	V	F
X	G	M	E	X	P	R	E	S	S	I	V	E	L	D	T

APPLAUSE
ARTISTIC
BALLERINA
CHOREOGRAPHY
COMPOSER
DANCERS
EXPRESSIVE
GESTURE
INTENSITY
MUSIC
ORCHESTRA
PRACTICE
AUDIENCE
REHEARSAL
RHYTHM
GRACEFUL
MUSCLES
STYLE
TECHNIQUE
SKILL

57 - Fruit

O	G	N	A	M	M	U	Y	A	P	A	T	M	H	L	O
R	R	O	B	J	B	U	M	T	A	M	O	A	D	K	O
O	W	A	P	L	U	M	B	P	X	B	C	C	D	D	T
W	S	Y	N	F	P	N	A	F	J	U	I	R	S	H	V
E	P	A	R	G	B	J	N	C	H	E	R	R	Y	A	E
R	C	P	B	I	E	J	A	G	A	G	P	Q	R	Y	T
A	W	A	P	E	A	R	N	N	H	V	A	K	R	A	M
S	R	P	N	L	K	H	A	E	T	N	O	M	E	L	D
P	Y	B	O	P	M	A	F	C	Q	K	M	C	B	K	Z
B	Q	P	G	P	Q	R	N	T	D	H	T	L	A	S	T
E	M	J	M	A	U	G	B	A	U	T	S	L	D	D	T
R	P	E	A	C	H	M	R	R	E	N	K	I	W	I	O
R	M	E	L	O	N	M	J	I	F	M	O	N	U	Q	Q
Y	W	F	N	V	A	J	F	N	A	J	T	C	O	W	G
M	K	Z	K	C	S	O	X	E	I	S	Q	U	O	A	W
V	A	V	Q	Y	P	I	N	E	A	P	P	L	E	C	K

APRICOT
PINEAPPLE
APPLE
AVOCADO
BANANA
BERRY
LEMON
GRAPE
RASPBERRY
CHERRY
KIWI
COCONUT
MANGO
MELON
NECTARINE
ORANGE
PAPAYA
PEAR
PEACH
PLUM

58 - Engineering

E	L	I	M	C	A	L	C	U	L	A	T	I	O	N	Q
N	K	G	L	E	S	E	I	D	I	U	Q	I	L	A	E
E	E	L	G	N	A	L	W	M	O	T	O	R	J	T	E
R	P	C	H	O	C	S	S	T	A	B	I	L	I	T	Y
G	U	N	O	I	T	C	U	R	T	S	N	O	C	M	H
Y	D	A	Z	T	W	N	N	R	E	T	E	M	A	I	D
S	I	X	A	A	V	N	O	J	E	W	J	J	E	P	S
S	T	A	F	T	H	N	Y	W	K	M	Y	D	N	R	S
U	T	R	H	O	F	W	S	H	N	A	E	L	O	O	O
X	Q	R	E	R	Y	L	K	D	Q	R	H	N	I	P	X
Z	K	J	U	N	A	L	J	E	T	G	C	O	T	U	A
Y	T	O	Q	C	G	S	X	P	C	A	M	I	C	L	D
V	Z	M	W	I	T	T	L	T	P	I	U	T	I	S	N
K	M	K	L	M	D	U	H	H	T	D	N	O	R	I	E
M	A	C	H	I	N	E	R	D	S	Y	H	M	F	O	Y
P	C	T	B	I	I	S	T	E	B	H	F	B	U	N	Z

AXIS
CALCULATION
MOTION
CONSTRUCTION
DIAGRAM
DIAMETER
DEPTH
DIESEL
ENERGY
ANGLE
STRENGTH
MACHINE
MEASUREMENT
MOTOR
ROTATION
STABILITY
STRUCTURE
LIQUID
PROPULSION
FRICTION

59 - Literatuur

N	A	R	R	A	T	O	R	D	H	R	Z	L	K	X	E
N	O	Z	H	N	O	I	S	U	L	C	N	O	C	B	S
D	I	A	L	O	G	U	E	G	B	B	I	L	F	X	B
C	T	V	E	I	I	W	M	S	I	S	Y	L	A	N	A
O	R	B	N	T	M	P	E	R	O	H	P	A	T	E	M
M	A	W	G	C	O	O	H	A	G	R	V	W	Z	L	U
P	G	A	F	I	B	E	T	N	R	A	H	K	U	Y	A
A	E	T	N	F	D	T	L	A	A	O	G	Y	K	T	B
R	D	B	A	E	S	I	R	L	P	Q	N	N	T	S	D
I	Y	J	F	Q	C	C	R	O	H	P	O	E	M	H	B
S	N	O	V	E	L	D	Q	G	Y	J	I	B	J	J	M
O	R	O	H	T	U	A	O	Y	C	Z	N	C	Y	F	A
N	I	H	Z	Z	G	U	A	T	D	E	I	T	F	T	K
W	I	E	Y	H	L	C	W	A	E	C	P	Z	I	Z	F
B	V	K	Q	M	M	B	V	Y	A	E	O	O	J	Z	U
Z	R	U	F	K	E	X	M	T	F	Q	Y	X	J	M	F

ANALOGY
ANALYSIS
ANECDOTE
AUTHOR
BIOGRAPHY
CONCLUSION
DIALOGUE
FICTION
POEM
OPINION
METAPHOR
POETIC
RHYME
RHYTHM
NOVEL
STYLE
THEME
TRAGEDY
COMPARISON
NARRATOR

60 - Boeken

P	J	S	N	P	Z	E	W	G	K	R	T	Q	T	C	H
T	U	S	U	O	R	O	M	U	H	Q	R	F	G	O	I
T	S	N	W	E	U	I	M	X	J	N	A	S	V	L	S
N	R	F	N	T	X	E	T	N	O	C	G	A	L	L	T
D	W	V	F	R	E	D	A	E	R	D	I	Y	A	E	O
A	M	Q	T	Y	T	I	L	A	U	D	C	Y	W	C	R
W	F	C	A	M	X	J	E	A	U	T	H	O	R	T	I
W	R	I	T	T	E	N	L	E	V	O	N	V	U	I	C
F	D	P	Z	J	M	O	M	I	H	Z	A	B	U	O	A
T	N	E	C	Q	H	P	P	X	T	M	A	W	H	N	L
M	D	I	G	P	K	Z	A	Y	G	E	H	Y	S	G	Q
N	A	R	R	A	T	O	R	G	B	F	R	F	R	W	S
A	D	V	E	N	T	U	R	E	E	I	R	A	M	F	T
G	O	L	I	N	V	E	N	T	I	V	E	M	R	U	O
I	A	L	A	W	E	O	A	F	Y	J	B	W	N	Y	R
R	E	L	E	V	A	N	T	N	L	L	A	J	T	F	Y

AUTHOR
ADVENTURE
PAGE
COLLECTION
CONTEXT
DUALITY
EPIC
POEM
WRITTEN
HISTORICAL
HUMOROUS
INVENTIVE
READER
LITERARY
POETRY
RELEVANT
NOVEL
TRAGIC
STORY
NARRATOR

61 - Meer Informatie

V	S	C	N	D	C	Q	U	L	F	U	B	F	T	A	I
K	F	L	Q	L	P	I	S	T	A	T	T	U	E	U	M
P	D	L	K	R	X	K	O	Y	N	O	K	T	C	J	A
E	X	P	L	O	S	I	O	N	T	P	H	U	H	A	G
D	P	Y	O	W	B	S	X	Z	A	I	I	R	N	A	I
C	I	N	E	M	A	J	J	N	S	A	D	I	O	L	N
R	E	A	L	I	S	T	I	C	T	S	M	S	L	Y	A
F	P	G	S	U	R	W	D	E	I	U	Q	T	O	U	R
Z	I	L	W	F	K	Z	B	N	C	O	C	I	G	K	Y
E	F	R	A	D	Y	S	T	O	P	I	A	C	Y	N	N
E	A	H	E	N	L	M	P	I	D	R	K	Z	Q	E	X
O	I	R	A	N	E	C	S	S	J	E	L	C	A	R	O
W	V	J	Q	U	J	T	K	U	K	T	I	T	T	D	B
U	E	U	F	R	M	M	O	I	R	S	T	O	B	O	R
J	N	S	E	V	C	E	O	L	K	Y	X	A	L	A	G
G	W	A	U	I	Y	R	B	I	E	M	E	R	T	X	E

CINEMA
BOOKS
FIRE
IMAGINARY
DYSTOPIA
EXPLOSION
EXTREME
FANTASTIC
FUTURISTIC
ILLUSION
MYSTERIOUS
ORACLE
PLANET
REALISTIC
ROBOTS
SCENARIO
GALAXY
TECHNOLOGY
UTOPIA
WORLD

62 - Regenwoud

X	K	S	C	R	S	Y	D	B	A	F	H	R	G	T	F
T	D	A	T	B	E	R	T	N	G	J	K	O	A	W	B
C	O	M	M	U	N	I	T	Y	R	I	Q	O	Y	S	T
D	S	G	W	D	G	L	S	Q	G	B	E	E	X	V	U
P	I	A	M	P	H	I	B	I	A	N	S	S	O	M	C
J	R	V	Y	G	T	Z	F	M	T	I	U	A	B	R	L
G	U	E	E	G	U	F	E	R	O	N	O	O	O	E	O
M	V	N	S	R	Q	M	E	B	S	S	N	A	T	S	U
L	F	H	G	E	S	D	R	I	B	E	E	T	A	T	D
L	X	J	I	L	R	I	U	M	E	C	G	R	N	O	S
Y	I	R	J	T	E	V	T	Y	T	T	I	E	I	R	L
S	P	E	C	I	E	S	A	Y	A	S	D	S	C	A	A
S	F	K	H	G	X	F	N	T	M	Z	N	P	A	T	M
S	U	R	V	I	V	A	L	N	I	T	I	E	L	I	M
V	A	L	U	A	B	L	E	X	L	O	L	C	F	O	A
X	A	Z	A	F	A	I	J	A	C	O	N	T	O	N	M

AMPHIBIANS
PRESERVATION
BOTANICAL
DIVERSITY
COMMUNITY
INDIGENOUS
INSECTS
JUNGLE
CLIMATE
MOSS
NATURE
SURVIVAL
RESPECT
RESTORATION
SPECIES
REFUGE
BIRDS
VALUABLE
CLOUDS
MAMMALS

63 - Haartypes

S	V	V	O	N	Z	Y	M	O	D	Q	I	Y	O	W	K
I	D	A	B	H	K	Z	B	S	H	E	A	L	T	H	Y
L	R	W	P	R	C	K	V	F	L	T	V	E	R	X	F
V	Y	B	T	B	A	C	W	S	J	I	T	U	F	U	C
E	K	V	B	S	L	I	Q	O	C	H	B	K	V	K	O
R	K	L	Z	C	B	H	D	G	N	W	R	A	L	O	L
I	L	N	M	A	Q	T	V	E	Q	C	C	B	X	K	O
V	J	I	T	L	W	O	N	H	D	P	R	L	G	D	R
L	O	L	U	P	L	B	P	L	I	Z	Z	O	V	G	E
C	U	R	L	S	N	Q	A	O	C	B	G	N	O	L	D
C	S	J	Z	G	R	A	Y	L	R	U	C	D	U	S	V
N	W	O	R	B	S	K	B	M	D	P	L	M	I	F	A
I	V	V	F	O	H	Y	X	Q	G	M	W	L	N	H	C
H	V	W	J	T	O	J	I	P	K	O	M	W	F	K	Z
T	P	F	A	A	R	W	A	V	Y	M	F	I	D	H	F
F	V	V	S	V	T	L	E	Y	U	Z	O	Y	F	D	K

BLOND
BROWN
THICK
DRY
THIN
COLORED
BRAIDED
HEALTHY
WAVY
GRAY
SCALP
BALD
SHORT
CURLS
CURLY
LONG
WHITE
SOFT
SILVER
BLACK

64 - Stad

B	J	L	O	J	O	O	Z	B	R	F	N	S	F	S	D
O	M	J	D	H	C	J	D	A	W	J	X	U	L	E	P
V	Z	H	P	O	Y	C	A	M	R	A	H	P	O	W	P
O	C	U	D	M	V	Y	N	H	T	R	I	E	R	P	E
D	I	M	Z	U	Y	R	A	R	B	I	L	R	I	C	G
A	N	U	N	I	V	E	R	S	I	T	Y	M	S	R	Z
D	E	E	H	D	O	L	V	G	Z	N	R	A	T	E	O
Y	M	S	O	A	E	L	B	G	I	I	E	R	O	T	S
T	A	U	T	T	R	A	M	O	T	K	K	K	N	A	B
E	J	M	E	S	F	G	Z	A	O	T	A	E	Z	E	T
Y	P	X	L	H	C	Q	Q	O	R	K	B	T	R	H	L
A	I	R	P	O	R	T	I	Q	O	K	S	U	J	T	A
O	S	C	H	O	O	L	R	I	L	G	E	T	S	K	S
O	W	Q	G	F	S	Q	S	F	V	A	T	T	O	D	R
Z	B	I	I	X	Z	O	A	S	N	O	S	C	Z	R	H
L	H	P	C	L	I	N	I	C	Z	B	G	V	W	F	E

PHARMACY
BAKERY
BANK
LIBRARY
CINEMA
FLORIST
BOOKSTORE
ZOO
GALLERY
HOTEL

CLINIC
AIRPORT
MARKET
MUSEUM
SCHOOL
STADIUM
SUPERMARKET
THEATER
UNIVERSITY
STORE

65 - Creativiteit

T	V	N	O	I	S	S	E	R	P	X	E	I	R	L	A
O	I	F	K	Q	P	T	B	F	I	L	Y	M	K	E	U
S	S	S	C	U	O	C	X	O	L	W	O	A	Z	V	T
J	I	V	S	G	N	I	L	E	E	F	Z	G	T	I	H
N	O	M	V	K	T	T	R	E	E	V	Q	I	P	T	E
O	N	R	N	B	A	A	W	S	Y	Q	K	N	U	N	N
I	S	S	Y	L	N	M	L	G	M	G	D	A	Y	E	T
T	M	Y	Z	Y	E	A	Y	T	I	L	A	T	I	V	I
A	B	P	A	N	O	R	X	V	Y	T	R	I	T	N	C
R	L	D	R	L	U	D	P	O	T	L	C	O	E	I	I
I	Y	C	X	E	S	O	Y	G	J	I	I	N	H	X	T
P	S	Y	T	I	S	N	E	T	N	I	M	A	G	E	Y
S	L	K	M	S	Z	S	A	R	T	I	S	T	I	C	I
N	Z	Y	I	D	Y	T	I	R	A	L	C	S	X	A	X
I	S	G	Q	L	F	J	N	O	I	T	A	S	N	E	S
V	K	C	O	Y	L	L	A	S	N	O	I	T	O	M	E

ARTISTIC
IMAGE
DRAMATIC
AUTHENTICITY
EMOTIONS
SENSATION
FEELINGS
CLARITY
IMPRESSION
INSPIRATION
INTENSITY
INVENTIVE
SPONTANEOUS
EXPRESSION
SKILL
IMAGINATION
VISIONS
VITALITY

66 - Natuur

E	P	Z	F	V	C	L	O	U	D	S	Y	U	X	J	H
N	Y	C	O	C	I	M	A	N	Y	D	M	Z	I	Y	R
N	A	Q	G	P	A	T	U	Z	T	S	E	R	O	F	M
X	N	Z	H	A	K	Y	A	V	U	W	I	L	D	T	Q
P	P	S	L	O	S	O	W	L	A	C	B	I	X	P	T
Y	U	Y	H	O	X	Q	O	P	E	N	E	R	E	S	R
I	V	E	R	O	S	I	O	N	B	T	Q	S	L	P	O
B	F	S	L	A	M	I	N	A	R	A	D	H	G	C	P
A	M	H	H	R	U	W	P	G	B	S	E	E	B	F	I
M	F	L	A	U	N	T	J	I	S	Q	S	L	U	O	C
I	S	K	Z	Z	N	H	C	P	Z	O	E	T	O	L	A
B	V	R	S	M	W	A	A	N	A	D	R	E	S	I	L
M	N	P	I	Z	J	Q	G	B	A	I	T	R	X	A	H
O	V	E	F	V	I	U	U	P	R	S	J	M	A	G	Y
X	D	V	I	R	E	I	C	A	L	G	M	Z	I	E	S
C	L	I	F	F	S	R	A	R	C	T	I	C	I	G	P

ARCTIC
BEES
FOREST
ANIMALS
DYNAMIC
EROSION
FOLIAGE
GLACIER
SANCTUARY
CLIFFS
FOG
RIVER
BEAUTY
SHELTER
SERENE
TROPICAL
VITAL
WILD
DESERT
CLOUDS

67 - Zoogdieren

A	C	T	G	J	X	E	Q	C	Q	X	U	C	M	T	P
P	A	R	B	A	A	G	L	L	U	B	X	O	F	F	R
H	T	I	B	B	A	R	G	E	Z	X	N	Y	N	V	J
J	X	R	D	R	M	K	O	O	P	E	G	O	Q	M	L
O	P	D	W	M	Q	H	D	W	R	H	J	T	Y	V	L
T	A	Z	X	E	I	K	J	O	E	I	A	E	N	M	I
E	B	S	Q	J	V	Z	C	L	V	G	L	N	E	O	O
D	O	N	K	E	Y	C	E	F	A	I	E	L	T	N	N
N	I	H	P	L	O	D	P	R	E	R	M	K	A	K	Y
B	P	O	Y	O	W	G	E	Z	B	A	A	A	X	E	V
V	X	R	S	C	H	R	O	V	X	F	C	N	X	Y	B
D	X	S	Y	G	A	B	W	A	F	F	V	G	B	P	D
F	F	E	K	R	L	I	M	H	T	E	Q	A	M	R	T
A	Q	L	Y	F	E	P	F	P	I	D	N	R	F	L	E
D	Z	J	H	V	K	Q	S	Q	J	J	O	O	B	A	G
Z	D	J	E	L	X	G	O	F	R	R	J	O	X	K	A

MONKEY
BEAVER
COYOTE
DOLPHIN
DONKEY
GOAT
GIRAFFE
GORILLA
DOG
CAMEL
KANGAROO
CAT
RABBIT
LION
ELEPHANT
HORSE
BULL
FOX
WHALE
WOLF

68 - Overheid

F	O	M	K	D	I	X	V	R	S	C	I	P	L	B	N
J	S	O	V	V	Y	C	W	E	S	T	H	G	I	R	A
R	O	N	O	I	S	S	U	C	S	I	D	W	B	H	T
Q	P	U	X	S	C	I	T	I	L	O	P	G	E	G	I
K	I	M	U	T	G	S	T	T	H	E	W	R	R	N	O
D	H	E	H	W	T	T	U	S	C	T	A	J	T	V	N
A	S	N	M	I	C	W	A	U	C	A	L	D	Y	H	A
F	N	T	A	H	I	C	P	J	E	T	C	P	E	F	L
D	E	M	O	C	R	A	C	Y	Q	S	D	A	B	R	V
Y	Z	Q	V	E	T	T	U	B	U	I	C	A	P	L	G
C	I	W	W	E	S	E	W	L	A	I	C	I	D	U	J
J	T	T	P	P	I	K	X	X	L	I	V	I	C	F	C
R	I	B	U	S	D	W	Z	R	I	S	Y	M	B	O	L
U	C	O	O	N	O	I	T	U	T	I	T	S	N	O	C
H	E	A	V	F	A	D	H	C	Y	O	K	N	J	F	K
N	A	T	I	O	N	M	W	V	V	G	S	W	L	J	R

CITIZENSHIP
CIVIL
DEMOCRACY
DISCUSSION
EQUALITY
JUDICIAL
JUSTICE
CONSTITUTION
LEADER
MONUMENT
NATION
NATIONAL
POLITICS
RIGHTS
STATE
SYMBOL
SPEECH
LIBERTY
LAW
DISTRICT

69 - Geografie

C	Z	P	P	L	Z	C	A	H	E	G	O	J	S	G	F
I	S	L	A	N	D	O	T	E	Q	N	W	E	S	T	E
B	X	R	M	E	E	N	L	M	U	A	O	W	B	R	R
R	E	G	I	O	N	T	A	I	A	I	J	R	O	H	I
L	N	X	S	X	N	I	S	S	T	D	Q	Y	T	I	C
B	A	I	F	T	I	N	R	P	O	I	S	K	W	H	R
B	E	T	D	S	A	E	U	H	R	R	O	W	U	R	J
Q	C	H	I	J	T	N	T	E	W	E	U	Z	G	X	C
J	O	C	H	T	N	T	W	R	O	M	T	L	C	X	R
O	T	J	V	E	U	B	C	E	J	W	H	I	Q	C	C
I	B	E	H	T	O	D	H	S	C	A	I	V	I	E	O
R	O	E	I	A	M	L	E	D	U	T	I	T	L	A	U
R	I	V	E	R	S	R	A	S	H	V	H	J	B	V	N
U	E	W	E	S	D	O	J	H	R	F	R	S	H	M	T
Z	T	E	Q	M	H	W	P	J	A	I	F	W	E	Z	R
W	J	Y	Y	S	H	O	E	N	B	B	O	Y	X	A	Y

ATLAS
MOUNTAIN
LATITUDE
CONTINENT
ISLAND
EQUATOR
HEMISPHERE
ALTITUDE
MAP
COUNTRY
MERIDIAN
NORTH
OCEAN
REGION
RIVER
CITY
WORLD
WEST
SEA
SOUTH

70 - Kunstbenodigdheden

C	L	T	F	F	O	E	C	B	Q	H	F	Z	L	K	M
N	B	C	A	H	I	P	R	E	P	A	P	M	A	O	X
K	Y	Q	U	B	L	J	E	W	A	R	E	M	A	C	C
P	J	V	K	Z	L	R	A	A	S	E	S	E	M	N	I
E	T	G	L	U	E	E	T	T	T	E	A	J	H	J	X
N	I	N	K	S	F	T	I	E	E	U	H	S	I	C	C
C	C	S	R	Y	O	A	V	R	L	I	A	S	E	D	Z
I	S	U	I	I	C	W	I	C	S	D	U	T	U	L	A
L	X	Y	O	X	L	W	T	O	R	D	E	N	Y	R	P
S	H	A	M	C	A	D	Y	L	O	M	V	I	M	E	B
V	J	D	M	J	Y	U	R	O	L	E	Q	A	G	S	Z
C	H	A	R	C	O	A	L	R	O	G	H	P	M	A	S
F	S	I	I	K	E	V	L	S	C	M	C	D	H	R	T
B	K	Y	A	S	D	O	P	N	V	O	Y	M	P	E	E
N	Z	B	H	R	Z	W	I	V	W	Z	N	I	D	W	L
K	K	A	C	R	Y	L	I	C	Z	B	N	Q	P	Y	C

ACRYLIC
WATERCOLORS
BRUSHES
CAMERA
CREATIVITY
EASEL
ERASER
CHARCOAL
INK
CLAY
COLORS
GLUE
OIL
PAPER
PASTELS
PENCILS
CHAIR
TABLE
PAINTS
WATER

71 - Barbecues

S	L	L	Q	F	J	P	T	K	O	I	I	H	R	I	V
E	J	U	T	T	L	N	R	W	N	B	U	H	O	L	E
O	Y	N	S	N	S	A	U	C	E	I	V	C	D	D	G
T	Q	C	L	E	S	U	M	M	E	R	V	I	O	J	E
A	T	H	O	K	K	B	Z	F	Z	Q	S	E	B	O	T
M	U	S	I	C	R	O	G	W	A	S	E	K	S	O	A
O	Y	G	J	I	O	P	C	M	H	M	K	X	L	N	B
T	P	W	G	H	F	G	W	V	A	P	I	U	L	I	L
J	I	T	O	C	Q	C	G	M	H	F	E	L	A	O	E
H	O	T	G	R	I	L	L	I	U	R	Z	P	Y	N	S
S	A	L	A	D	S	K	K	B	N	U	S	C	P	S	K
K	X	W	K	X	F	P	M	S	G	I	A	F	P	E	S
Y	N	A	Z	R	B	R	L	E	E	T	K	V	S	J	R
D	I	N	N	E	R	H	B	M	R	Z	I	V	A	C	C
I	N	V	I	T	A	T	I	O	N	Y	S	N	L	J	Z
K	N	V	X	M	I	H	Z	V	H	Y	K	N	T	R	O

DINNER
FAMILY
FRUIT
GRILL
VEGETABLES
HOT
HUNGER
CHICKEN
LUNCH
KNIVES
MUSIC
PEPPER
SALADS
SAUCE
TOMATOES
ONIONS
INVITATION
FORKS
SUMMER
SALT

72 - Schoonheid

Z	S	E	L	E	G	A	N	C	E	H	Q	L	P	C	F
G	N	T	M	I	R	R	O	R	F	F	U	I	H	H	R
M	I	N	Y	Q	Q	V	W	K	B	J	C	P	O	A	A
O	A	A	G	L	Y	F	S	P	P	K	E	S	T	R	G
D	I	G	S	C	I	T	E	M	S	O	C	T	O	M	R
Q	O	E	S	A	H	S	Y	L	O	R	G	I	G	P	A
C	O	L	O	R	I	D	T	A	K	O	H	C	E	R	N
D	P	E	S	C	E	F	I	P	I	U	T	K	N	O	C
M	M	N	K	U	Y	L	E	I	J	G	A	H	I	D	E
S	A	Q	I	R	S	C	I	S	S	O	R	S	C	U	R
D	H	S	N	L	E	P	D	Q	Q	O	S	G	T	C	D
H	S	X	C	S	O	P	F	H	V	W	Y	F	W	T	W
P	U	E	K	A	M	F	Y	Z	Z	X	Y	W	E	S	C
S	M	T	T	O	R	J	B	S	E	R	V	I	C	E	S
W	E	L	D	G	U	A	P	U	Z	M	C	V	T	K	N
L	U	I	Q	G	R	A	C	E	I	Z	Z	X	U	D	C

CHARM
COSMETICS
SERVICES
ELEGANT
ELEGANCE
PHOTOGENIC
GRACE
FRAGRANCE
SMOOTH
SKIN
COLOR
CURLS
LIPSTICK
MASCARA
PRODUCTS
SCISSORS
SHAMPOO
MIRROR
STYLIST
MAKEUP

73 - Wetenschappelijke Discip

M	E	T	E	O	R	O	L	O	G	Y	U	J	N	C	P
W	M	C	R	Y	A	Q	M	W	W	G	U	M	U	F	S
I	T	O	X	R	T	P	R	M	I	O	J	S	T	Z	Y
M	U	B	U	T	Y	C	Y	B	P	L	Y	W	R	R	C
J	K	Z	R	S	M	G	G	A	V	O	G	B	I	V	H
P	H	Y	S	I	O	L	O	G	Y	E	O	I	T	L	O
A	L	Y	N	M	T	D	L	L	G	A	L	O	I	I	L
S	S	R	F	E	A	W	O	R	O	H	A	L	O	M	O
O	C	T	A	H	N	V	R	W	L	C	R	O	N	M	G
C	I	S	R	C	A	K	U	M	O	R	E	G	V	U	Y
I	N	I	L	O	A	Q	E	T	E	A	N	Y	S	N	G
O	A	M	G	I	N	B	N	V	G	F	I	M	D	O	O
L	H	E	I	B	F	O	P	C	Q	B	M	Y	S	L	L
O	C	H	Q	K	C	W	M	B	O	T	A	N	Y	O	O
G	E	C	N	M	B	V	F	Y	B	R	K	H	E	G	O
Y	M	R	O	B	O	T	I	C	S	O	F	Z	G	Y	Z

ANATOMY
ARCHAEOLOGY
ASTRONOMY
BIOCHEMISTRY
BIOLOGY
CHEMISTRY
ECOLOGY
PHYSIOLOGY
GEOLOGY
IMMUNOLOGY
MECHANICS
METEOROLOGY
MINERALOGY
NEUROLOGY
BOTANY
PSYCHOLOGY
ROBOTICS
SOCIOLOGY
NUTRITION
ZOOLOGY

74 - Bijvoeglijke Naamwoorden

P	R	O	D	U	C	T	I	V	E	D	S	I	C	R	P
Q	R	H	E	A	L	T	H	Y	H	R	L	N	R	D	W
X	O	M	E	P	K	V	B	F	Z	E	E	T	E	U	W
U	Z	J	D	E	A	K	Y	Z	Y	V	E	E	A	H	C
G	N	C	F	R	E	A	Q	S	S	I	P	R	T	R	A
E	Q	L	L	D	Y	D	E	R	I	T	Y	E	I	C	F
O	N	A	T	U	R	A	L	C	U	P	W	S	V	I	S
W	O	M	P	I	G	D	B	I	A	I	H	T	E	T	V
C	Q	R	R	T	N	R	I	L	W	R	G	I	B	N	B
S	J	O	R	V	U	A	S	Q	E	C	Z	N	X	E	X
G	T	N	W	J	H	M	N	P	N	S	B	G	D	H	V
P	I	R	V	H	I	A	O	J	L	E	S	A	L	T	Y
U	C	F	O	M	R	T	P	R	W	D	P	R	O	U	D
R	A	C	T	N	I	I	S	E	L	J	D	D	K	A	B
E	N	F	E	E	G	C	E	X	Q	Z	V	T	C	D	M
W	O	J	G	O	D	Q	R	L	J	C	M	R	Q	I	D

AUTHENTIC
GIFTED
DESCRIPTIVE
CREATIVE
DRAMATIC
HEALTHY
HUNGRY
INTERESTING
TIRED
NATURAL
NEW
NORMAL
PRODUCTIVE
SLEEPY
STRONG
PROUD
RESPONSIBLE
WILD
SALTY
PURE

75 - Kleding

K	G	N	Z	W	D	P	G	B	A	E	S	U	O	L	B
P	O	N	X	Y	U	T	L	R	G	U	J	O	K	I	C
K	D	C	W	E	G	U	O	J	J	L	L	Q	C	U	I
B	M	N	A	W	G	D	V	S	W	X	P	A	J	K	Y
S	H	O	E	Q	C	X	E	C	A	L	K	C	E	N	S
S	A	N	D	A	L	S	S	J	P	A	J	A	M	A	S
E	D	I	C	R	S	P	U	M	A	D	I	P	B	B	O
R	I	G	A	O	Q	Q	T	Z	X	C	V	M	O	R	U
D	S	D	I	A	S	G	K	R	F	H	K	D	V	A	X
O	W	Q	J	P	C	Y	B	T	A	R	V	E	L	C	O
A	E	W	G	J	A	F	A	S	H	I	O	N	T	E	Q
M	A	O	G	T	R	I	K	S	D	Z	P	O	L	L	Y
Z	T	M	X	A	F	O	H	H	G	Y	A	R	E	E	T
G	E	U	Y	O	J	J	Z	I	V	G	N	P	B	T	L
L	R	X	A	C	O	T	R	R	A	D	T	A	H	W	O
W	I	G	B	Q	B	N	A	T	A	W	S	E	G	N	P

BRACELET
BLOUSE
PANTS
GLOVES
HAT
COAT
JACKET
DRESS
NECKLACE
FASHION
PAJAMAS
BELT
SKIRT
SANDALS
SHOE
APRON
SHIRT
SCARF
SOCKS
SWEATER

76 - Vliegtuigen

I	H	U	F	M	R	M	I	B	U	R	G	N	T	Z	S
L	A	I	G	Y	U	O	D	L	J	P	R	T	U	A	H
U	V	D	F	D	S	D	E	B	T	S	J	J	R	D	E
A	N	I	N	A	V	I	G	A	T	E	P	O	B	V	I
W	Z	R	J	P	B	U	D	E	S	I	G	N	U	E	G
E	R	E	H	P	S	O	M	T	A	S	P	V	L	N	H
R	T	C	Q	V	E	K	O	Y	H	Z	A	S	E	T	T
C	K	T	N	E	Y	I	Y	U	W	O	A	V	N	U	C
N	O	I	T	C	U	R	T	S	N	O	C	G	C	R	Y
L	G	O	T	H	Y	D	R	O	G	E	N	G	E	E	K
J	E	N	O	O	L	L	A	B	D	E	S	C	E	N	T
A	N	Z	L	F	U	E	L	N	X	A	E	E	L	L	Z
A	G	N	I	D	N	A	L	A	W	I	G	A	J	V	R
B	I	E	P	G	F	H	S	V	C	R	Z	N	H	N	L
X	N	P	E	H	Z	E	H	I	S	T	O	R	Y	H	U
K	E	P	A	S	S	E	N	G	E	R	A	E	U	W	W

DESCENT
ATMOSPHERE
ADVENTURE
BALLOON
CREW
CONSTRUCTION
FUEL
HISTORY
SKY
HEIGHT
LANDING
AIR
ENGINE
NAVIGATE
DESIGN
PASSENGER
PILOT
DIRECTION
TURBULENCE
HYDROGEN

77 - Herbalisme

H	X	P	B	L	W	G	Q	I	F	G	K	M	X	E	D
U	N	T	D	A	J	F	A	U	R	O	M	C	L	S	D
D	B	K	F	Y	E	L	S	R	A	P	K	J	X	P	Z
B	P	O	C	H	M	N	M	E	L	L	L	Q	X	J	Z
O	V	A	D	V	Y	M	D	W	E	I	I	K	E	Q	M
G	R	E	E	N	H	A	X	O	N	S	C	T	G	C	A
I	E	L	A	W	T	O	R	L	N	A	R	B	Y	U	R
X	N	O	R	F	F	A	S	F	E	B	O	A	R	L	J
Q	O	G	F	Z	P	X	I	L	F	H	T	V	A	I	O
O	G	X	R	E	D	N	E	V	A	L	Y	L	M	N	R
R	A	R	V	E	L	W	C	W	S	P	M	V	E	A	A
E	R	V	R	M	D	F	L	A	V	O	R	G	S	R	M
G	R	H	Y	L	L	I	D	Q	H	X	X	A	O	Y	F
A	A	Z	P	E	W	W	E	X	I	C	U	G	R	Q	P
N	T	G	A	R	D	E	N	N	H	K	V	C	Z	V	W
O	K	T	E	I	G	J	C	I	T	A	M	O	R	A	V

AROMATIC
BASIL
FLOWER
CULINARY
DILL
TARRAGON
GREEN
INGREDIENT
GARLIC
QUALITY
LAVENDER
MARJORAM
OREGANO
PARSLEY
ROSEMARY
SAFFRON
FLAVOR
THYME
GARDEN
FENNEL

78 - Kracht en Zwaartekracht

I	Y	P	I	M	P	A	C	T	Q	D	S	U	G	D	M
R	I	I	L	U	M	E	C	H	A	N	I	C	S	I	A
D	N	C	Y	A	N	O	I	T	O	M	M	U	R	S	G
O	R	B	I	T	N	I	S	P	E	E	D	I	F	C	N
T	K	B	V	A	P	E	V	O	V	M	Q	N	E	O	E
P	N	U	I	T	N	N	T	E	N	I	F	C	X	V	T
P	R	C	E	N	T	E	R	S	R	T	Z	C	P	E	I
M	D	E	P	K	V	D	M	E	D	S	I	X	A	R	S
K	L	C	S	B	N	G	P	I	I	C	A	A	N	Y	M
F	Q	E	B	S	O	M	P	T	S	I	D	L	S	V	L
N	O	F	J	O	U	R	U	R	T	S	Y	X	I	H	R
W	E	I	G	H	T	R	U	E	A	Y	N	N	O	R	M
Q	Y	O	G	O	C	D	E	P	N	H	A	V	N	H	W
F	R	I	C	T	I	O	N	O	C	P	M	Y	F	U	I
N	U	D	Z	Z	C	Z	X	R	E	Q	I	M	S	C	Y
P	D	Y	H	X	P	S	O	P	V	J	C	R	G	N	V

DISTANCE
AXIS
ORBIT
MOTION
CENTER
PRESSURE
DYNAMIC
PROPERTIES
WEIGHT
IMPACT
MAGNETISM
MECHANICS
PHYSICS
DISCOVERY
PLANETS
SPEED
TIME
EXPANSION
UNIVERSAL
FRICTION

79 - Het Bedrijf

J	H	L	Q	P	C	R	I	S	K	S	Y	N	E	W	T
C	S	A	A	A	R	R	S	E	M	E	V	O	M	T	D
L	Y	N	E	U	O	O	E	E	O	G	U	I	P	P	P
P	R	O	D	U	C	T	G	A	L	Z	T	T	L	O	Q
B	O	I	D	D	Q	M	A	R	T	X	K	A	O	S	I
U	E	S	R	T	Y	Y	W	E	E	I	V	T	Y	S	N
S	V	S	T	R	E	N	D	S	A	S	V	N	M	I	D
I	I	E	G	L	O	B	A	L	V	F	S	E	E	B	U
N	T	F	D	E	C	I	S	I	O	N	M	S	N	I	S
E	A	O	J	X	G	J	E	K	R	J	X	E	T	L	T
S	V	R	Z	D	L	M	I	Z	S	E	Z	R	O	I	R
S	O	P	Q	K	Q	O	O	F	C	S	V	P	O	T	Y
I	N	V	E	S	T	M	E	N	T	M	K	E	E	Y	L
R	N	H	R	E	K	L	H	Q	R	S	T	I	N	U	C
V	I	T	D	Q	E	N	R	G	Y	T	I	L	A	U	Q
R	E	P	U	T	A	T	I	O	N	O	O	X	O	T	E

DECISION
CREATIVE
UNITS
GLOBAL
INDUSTRY
REVENUE
INNOVATIVE
INVESTMENT
QUALITY
WAGES
POSSIBILITY
PRESENTATION
PRODUCT
PROFESSIONAL
REPUTATION
RISKS
TRENDS
PROGRESS
EMPLOYMENT
BUSINESS

80 - Rijden

L	I	C	E	N	S	E	C	Z	Y	P	A	M	F	F	G
T	N	E	D	I	C	C	A	A	Z	O	M	I	I	O	S
U	E	N	A	J	W	V	L	X	R	L	E	U	F	Z	N
N	G	E	O	W	B	J	W	Y	Z	I	W	K	L	T	K
N	A	J	R	V	E	X	L	B	T	C	Q	X	G	I	W
E	R	V	O	T	T	M	N	N	D	E	E	P	S	X	R
L	A	B	T	W	S	P	F	W	M	T	F	N	Y	Z	M
U	G	Q	O	O	E	X	C	H	I	Y	C	A	Q	M	D
U	U	E	M	F	K	P	B	U	L	L	Y	I	S	T	S
I	G	N	H	C	A	U	Y	C	Z	I	T	R	F	P	E
S	A	N	X	L	R	E	I	D	G	G	E	T	H	V	O
J	S	B	M	M	B	I	L	M	U	L	F	S	A	J	P
H	T	R	U	C	K	P	D	Y	G	R	K	E	D	T	V
S	A	M	O	T	O	R	C	Y	C	L	E	D	T	I	D
T	R	A	F	F	I	C	H	D	K	J	X	E	V	N	R
D	A	N	G	E	R	T	P	R	L	E	C	P	Q	V	G

CAR
FUEL
GARAGE
GAS
DANGER
MAP
LICENSE
MOTOR
MOTORCYCLE
ACCIDENT
POLICE
BRAKES
SPEED
STREET
TUNNEL
SAFETY
TRAFFIC
PEDESTRIAN
TRUCK
ROAD

81 - Wetenschap

S	I	D	O	H	T	E	M	S	I	N	A	G	R	O	P
L	C	V	A	J	W	V	R	V	E	N	I	R	Y	Y	U
A	A	I	Z	T	E	M	D	N	V	G	U	N	R	F	R
R	I	F	E	O	A	S	E	L	U	C	E	L	O	M	Q
E	D	Y	M	N	G	C	R	Z	A	F	B	J	T	Q	S
N	P	R	O	F	T	E	H	G	G	Q	H	Y	A	T	W
I	A	T	O	M	L	I	S	E	L	C	I	T	R	A	P
M	D	L	H	I	C	H	S	G	M	L	X	O	O	U	G
C	L	I	M	A	T	E	F	T	N	I	Q	F	B	R	R
Z	S	S	C	I	S	Y	H	P	K	V	C	M	A	Y	A
O	B	S	E	R	V	A	T	I	O	N	Q	A	L	F	V
F	T	O	R	A	A	D	I	C	O	C	O	F	L	A	I
O	K	F	U	H	Y	P	O	T	H	E	S	I	S	C	T
O	U	G	T	N	E	M	I	R	E	P	X	E	K	T	Y
Y	X	F	A	N	S	K	C	O	H	Y	J	N	A	P	S
Z	H	E	N	O	I	T	U	L	O	V	E	Q	C	F	U

ATOM
CHEMICAL
PARTICLES
EVOLUTION
EXPERIMENT
FACT
FOSSIL
DATA
HYPOTHESIS
CLIMATE

LABORATORY
METHOD
MINERALS
MOLECULES
NATURE
PHYSICS
OBSERVATION
ORGANISM
SCIENTIST
GRAVITY

82 - Natuurkunde

R	B	O	Q	S	V	N	I	U	D	O	R	L	N	V	M
E	R	D	E	N	S	I	T	Y	I	M	Z	A	W	E	F
L	M	N	N	L	P	X	A	N	O	R	T	C	E	L	E
A	E	R	I	L	U	A	J	T	N	J	Z	I	H	O	C
T	C	J	G	F	Z	C	R	U	H	J	T	M	N	C	H
I	H	R	N	H	Q	O	E	T	G	A	S	E	O	I	A
V	A	U	E	R	P	Q	V	L	I	D	V	H	I	T	O
I	N	L	F	E	C	T	H	Y	O	C	B	C	T	Y	S
T	I	E	X	S	K	J	I	Q	Q	M	L	B	A	T	T
Y	C	N	E	U	Q	E	R	F	G	F	T	E	R	I	C
S	S	A	T	O	M	U	R	W	T	F	Q	Y	E	V	Y
S	S	D	H	P	U	N	I	V	E	R	S	A	L	A	I
M	A	G	N	E	T	I	S	M	F	F	Y	B	E	R	L
M	M	Z	H	H	K	Q	Q	Q	I	N	M	B	C	G	Q
E	X	P	E	R	I	M	E	N	T	L	O	Y	C	I	B
Y	Y	D	F	O	R	M	U	L	A	C	P	R	A	A	F

ATOM
CHAOS
CHEMICAL
PARTICLE
DENSITY
ELECTRON
EXPERIMENT
FORMULA
FREQUENCY
GAS

MAGNETISM
MASS
MECHANICS
MOLECULE
ENGINE
RELATIVITY
VELOCITY
UNIVERSAL
ACCELERATION
GRAVITY

83 - Muziekinstrumenten

M	G	N	O	G	J	X	H	L	Q	Y	A	T	P	M	B
T	Q	U	F	L	U	T	E	X	T	O	B	O	E	A	E
L	M	J	I	P	G	E	Z	K	H	J	M	L	N	O	U
J	J	W	M	T	E	N	B	P	V	N	I	L	O	C	D
U	N	H	X	B	A	I	Y	M	U	A	R	E	B	I	U
U	I	F	J	A	H	R	R	L	Z	B	A	C	M	M	E
M	L	E	K	S	A	A	E	E	O	A	M	C	O	E	N
P	O	N	L	S	C	L	R	F	J	R	B	C	R	U	R
I	D	I	T	O	I	C	C	P	X	A	G	E	T	T	V
A	N	R	D	O	N	V	M	Z	L	U	W	M	Z	R	I
N	A	U	U	N	O	I	S	S	U	C	R	E	P	U	O
O	M	O	A	M	M	A	M	I	P	I	X	H	X	M	L
G	J	B	I	R	R	I	F	D	N	O	J	A	V	P	I
F	F	M	E	T	A	L	T	G	E	W	I	M	F	E	N
H	J	A	R	M	H	E	B	Q	H	Y	J	N	X	T	W
M	G	T	S	A	X	O	P	H	O	N	E	W	S	Q	D

BANJO
CELLO
BASSOON
FLUTE
GUITAR
GONG
HARP
OBOE
CLARINET
MANDOLIN
MARIMBA
HARMONICA
PERCUSSION
PIANO
SAXOPHONE
TAMBOURINE
TROMBONE
DRUM
TRUMPET
VIOLIN

84 - Ethiek

I	P	H	I	L	O	S	O	P	H	Y	R	R	F	O	V
A	N	Y	T	S	E	N	O	H	O	H	E	E	K	P	J
S	Y	T	I	N	G	I	D	X	N	U	A	A	G	T	K
C	T	I	E	L	L	N	L	C	M	O	S	L	A	I	D
O	O	L	C	G	G	N	L	U	I	W	O	I	L	M	I
O	L	A	N	V	R	O	U	S	R	E	N	S	T	I	P
P	E	N	E	G	U	I	F	Z	D	Y	A	M	R	S	L
E	R	O	I	C	A	S	T	V	Z	Y	B	D	U	M	O
R	A	I	T	B	R	S	C	Y	A	P	L	E	I	K	M
A	N	T	A	A	U	A	E	T	J	L	E	S	S	I	A
T	C	A	P	D	F	P	P	I	Z	S	U	B	M	N	T
I	E	R	W	J	E	M	S	N	Z	Q	G	E	O	D	I
O	Y	N	S	Q	F	O	E	A	F	X	B	E	S	N	C
N	B	T	Y	E	D	C	R	M	E	G	N	N	U	E	L
W	I	S	D	O	M	W	K	U	M	L	R	C	P	S	R
V	K	S	R	K	S	C	D	H	H	F	S	S	S	S	U

ALTRUISM
DIPLOMATIC
RESPECTFUL
HONESTY
PHILOSOPHY
PATIENCE
INTEGRITY
COMPASSION
HUMANITY
OPTIMISM
RATIONALITY
REALISM
REASONABLE
COOPERATION
TOLERANCE
KINDNESS
VALUES
DIGNITY
WISDOM

85 - Antiek

U	N	U	S	U	A	L	K	A	B	E	L	Y	T	S	S
R	O	V	G	A	L	L	E	R	Y	L	P	E	C	D	I
S	C	U	L	P	T	U	R	E	G	E	R	B	O	E	M
H	B	Y	Q	R	L	V	H	D	M	G	I	F	I	C	H
Q	Y	M	X	A	S	Z	W	J	Q	A	C	T	N	O	C
A	U	V	X	X	R	U	Y	E	U	N	E	N	S	R	O
U	J	A	N	O	I	T	A	R	O	T	S	E	R	A	L
T	T	N	L	Z	B	C	M	U	U	I	S	M	N	T	L
H	N	T	A	I	P	B	A	T	U	T	G	T	O	I	E
E	U	L	A	V	T	K	H	I	S	K	N	S	I	V	C
N	U	N	X	D	F	Y	S	N	P	B	I	E	T	E	T
T	V	E	M	Q	H	S	G	R	F	Y	T	V	C	B	O
I	D	M	G	W	K	E	V	U	S	S	N	N	U	D	R
C	J	E	S	H	C	V	J	F	L	K	I	I	A	D	V
D	G	R	Q	O	L	D	O	W	K	I	A	L	D	R	S
K	C	O	V	Q	J	R	G	Z	N	A	P	Z	I	P	T

AUTHENTIC
SCULPTURE
DECORATIVE
CENTURY
ELEGANT
GALLERY
INVESTMENT
ART
QUALITY
FURNITURE
COINS
UNUSUAL
OLD
PRICE
RESTORATION
PAINTINGS
STYLE
AUCTION
COLLECTOR
VALUE

86 - Activiteiten en Vrije Ti

V	Y	S	U	K	S	S	P	C	E	S	V	C	S	Z	G
T	R	G	M	Q	I	T	T	B	D	D	S	K	W	T	A
Z	E	H	I	K	I	N	G	N	I	X	O	B	I	B	R
R	C	N	U	U	P	H	N	D	T	J	L	F	M	I	D
I	C	B	N	M	U	Z	I	V	G	O	L	F	M	O	E
K	O	P	C	I	C	L	V	D	N	G	A	T	I	N	N
X	S	A	F	A	S	Y	I	R	I	L	B	O	N	G	I
Y	I	D	Z	X	P	E	D	G	C	U	E	D	G	A	N
C	A	M	P	I	N	G	I	T	A	O	S	V	L	F	G
S	U	R	F	I	N	G	J	B	R	O	A	A	V	V	F
L	L	A	B	T	E	K	S	A	B	A	B	Q	F	O	I
R	E	L	A	X	I	N	G	T	S	O	V	T	O	S	S
P	A	I	N	T	I	N	G	I	V	H	H	E	R	U	H
V	O	L	L	E	Y	B	A	L	L	A	R	T	L	N	I
S	G	N	N	Y	E	P	F	G	J	G	I	F	I	S	N
H	Q	Y	L	P	I	H	S	Q	K	P	Y	T	S	R	G

BASKETBALL
BOXING
DIVING
GOLF
FISHING
HOBBIES
BASEBALL
CAMPING
ART
RELAXING
RACING
TRAVEL
PAINTING
SURFING
TENNIS
GARDENING
SOCCER
VOLLEYBALL
HIKING
SWIMMING

87 - Koffie

N	O	L	P	P	F	W	K	L	M	P	W	I	A	N	I
S	J	B	G	D	I	U	Q	I	L	H	B	L	A	C	K
F	S	W	H	Q	L	Q	Z	K	Z	D	Q	B	J	L	K
B	D	I	N	N	T	O	Z	E	T	L	B	E	D	K	U
A	H	Q	I	S	E	R	P	R	I	C	E	V	B	C	W
I	S	X	G	V	R	F	U	A	R	Q	A	E	K	Q	F
W	U	M	I	L	K	M	C	G	O	S	X	R	R	N	E
M	V	K	R	Q	V	O	G	U	A	E	Q	A	M	E	K
M	U	U	O	R	G	J	Y	S	S	K	D	G	H	C	L
A	O	E	Z	C	N	Y	T	H	T	X	C	E	V	A	I
H	U	R	B	I	T	T	E	R	E	T	A	W	E	F	M
X	N	S	N	D	X	C	I	K	D	N	I	R	G	F	B
D	A	K	T	I	G	Q	R	O	V	A	L	F	E	E	F
E	T	B	K	C	N	D	A	E	D	X	D	Y	Y	I	S
T	Z	U	B	A	L	G	V	S	A	M	O	R	A	N	X
F	C	X	E	V	U	C	M	D	A	M	P	P	J	E	G

AROMA
CUP
BITTER
CAFFEINE
BEVERAGE
FILTER
ROASTED
GRIND
MILK
MORNING
ORIGIN
PRICE
CREAM
FLAVOR
SUGAR
VARIETY
LIQUID
WATER
ACIDIC
BLACK

88 - Schaken

H	T	Z	G	W	X	Q	M	S	U	Q	Z	B	B	B	P
C	O	G	W	R	H	R	I	L	L	I	Y	Y	E	L	O
H	U	O	N	L	F	I	N	W	D	R	G	E	U	Z	I
A	R	E	Y	A	L	P	T	T	I	M	E	M	A	G	N
M	N	E	E	U	Q	O	S	E	I	L	T	V	I	E	T
P	A	N	C	X	U	P	E	V	K	D	A	R	E	K	S
I	M	M	X	W	I	P	T	U	O	E	R	O	T	L	Q
O	E	B	K	Y	C	O	N	G	T	S	T	A	S	A	C
N	N	V	O	L	C	N	O	S	N	A	S	K	I	N	G
W	T	A	I	V	R	E	C	H	K	C	F	C	P	O	D
E	E	F	I	S	M	N	P	U	Q	R	F	A	R	G	U
W	N	A	P	E	S	T	A	A	N	I	D	L	U	A	O
X	V	B	S	E	J	A	B	O	E	F	C	B	L	I	V
T	O	L	E	A	R	N	P	M	S	I	N	L	E	D	L
N	T	V	K	N	C	M	K	Y	A	C	W	L	S	P	E
C	H	A	L	L	E	N	G	E	S	E	F	Q	R	G	R

DIAGONAL
CHAMPION
KING
QUEEN
TO LEARN
SACRIFICE
PASSIVE
POINTS
RULES
CLEVER
GAME
PLAYER
STRATEGY
OPPONENT
TIME
TOURNAMENT
CHALLENGES
CONTEST
WHITE
BLACK

89 - Boerderij #1

H	C	W	Z	X	Q	Q	H	Q	G	X	W	Z	I	O	F
T	A	C	B	E	E	K	C	O	L	F	F	I	E	L	D
Q	U	Y	C	R	C	D	E	O	N	R	Q	D	H	A	U
M	D	E	H	U	I	R	Q	M	C	E	N	O	O	I	C
X	A	K	I	T	R	C	O	O	H	Z	Y	G	R	Y	D
Q	P	N	C	L	D	J	N	W	H	I	L	N	S	Z	G
T	X	O	K	U	G	O	A	T	K	L	N	U	E	G	N
M	K	D	E	C	S	C	D	T	P	I	S	E	E	D	S
Y	S	T	N	I	S	Z	C	J	J	T	J	N	B	F	Y
N	Q	X	W	R	A	I	O	B	J	R	E	Q	Q	U	F
F	G	F	A	G	G	L	W	B	K	E	C	C	T	A	X
B	Y	E	T	A	X	J	X	L	R	F	A	I	V	K	A
M	E	K	E	E	R	D	C	F	G	N	L	X	X	K	I
Y	M	T	R	H	G	O	N	T	K	M	F	O	M	A	G
G	U	M	A	L	N	O	N	J	R	S	X	E	C	E	D
W	G	O	F	R	H	F	F	E	N	C	E	K	I	S	X

BEE
DONKEY
GOAT
FENCE
DOG
HONEY
HAY
CALF
CAT
CHICKEN
COW
CROW
FLOCK
AGRICULTURE
FERTILIZER
HORSE
RICE
FIELD
WATER
SEEDS

90 - Huis

O	S	L	Q	Z	W	I	E	G	Z	X	B	C	R	C	J
H	T	O	I	Y	L	W	S	D	Q	R	E	W	O	H	S
C	S	L	P	B	H	A	N	N	D	E	D	Q	F	I	B
W	D	Z	X	O	R	F	E	N	C	E	R	D	Q	M	F
W	F	Q	W	S	Y	A	D	W	V	N	O	K	T	N	U
O	N	S	I	E	M	X	R	I	K	A	O	E	S	E	R
G	L	L	U	Z	D	B	A	Y	Q	P	M	A	L	Y	N
C	I	L	H	B	T	Y	G	E	I	R	O	Z	T	A	I
S	F	H	D	O	O	R	C	Q	D	P	O	T	J	Q	T
C	N	W	A	L	L	Q	U	N	K	N	R	R	Z	C	U
M	E	G	A	R	A	G	Z	E	S	G	R	Z	R	E	R
R	H	N	U	A	V	B	G	A	N	D	A	J	H	I	E
M	C	R	Q	R	R	O	O	F	C	A	W	Q	L	L	M
J	T	N	E	M	E	S	A	B	N	J	V	Z	Z	I	O
F	I	R	E	P	L	A	C	E	B	R	O	O	M	N	M
J	K	S	F	H	P	U	O	Y	P	Z	B	N	W	G	F

BROOM
LIBRARY
ROOF
DOOR
SHOWER
GARAGE
FIREPLACE
FENCE
ROOM
BASEMENT

KITCHEN
LAMP
FURNITURE
WALL
CEILING
CHIMNEY
BEDROOM
MIRROR
RUG
GARDEN

91 - Geometrie

I	O	E	P	T	J	M	V	U	D	S	Z	L	L	F	P
M	A	S	S	V	F	L	S	U	U	Z	O	W	O	V	X
O	J	C	K	S	J	H	I	E	T	N	E	M	G	E	S
P	E	R	P	E	N	D	I	C	U	L	A	R	I	V	Z
C	S	I	T	D	I	C	U	R	V	E	B	M	C	N	U
M	E	D	I	A	N	O	I	T	A	L	U	C	L	A	C
Y	G	C	N	O	S	D	J	Q	E	C	A	F	R	U	S
S	J	I	Q	F	W	Y	P	N	Y	R	O	E	H	T	L
K	K	T	O	O	V	Q	M	N	O	I	T	A	U	Q	E
D	I	A	M	E	T	E	R	M	A	C	F	N	E	R	L
H	G	O	V	J	S	C	F	V	E	N	Y	J	Z	O	L
S	E	L	G	N	A	I	R	T	U	T	G	T	F	V	A
N	O	I	S	N	E	M	I	D	F	L	R	L	X	L	R
D	I	U	G	V	E	R	T	I	C	A	L	Y	F	H	A
S	L	D	F	H	M	G	A	E	M	Y	F	X	A	Z	P
P	J	B	L	A	T	N	O	Z	I	R	O	H	B	N	N

CALCULATION
CIRCLE
CURVE
DIAMETER
DIMENSION
TRIANGLE
ANGLE
HEIGHT
HORIZONTAL
LOGIC
PERPENDICULAR
MASS
MEDIAN
SURFACE
PARALLEL
SEGMENT
SYMMETRY
THEORY
EQUATION
VERTICAL

92 - Jazz

A	P	P	L	A	U	S	E	C	I	S	U	M	N	Q	K
J	T	P	G	K	N	E	G	O	A	L	A	F	E	C	T
U	V	T	G	P	L	T	E	N	H	R	F	N	W	S	H
I	I	O	D	A	Q	I	O	C	O	V	T	O	O	U	U
M	U	B	L	A	E	R	N	E	G	S	Z	I	S	T	J
P	T	N	O	W	E	O	U	R	Y	S	I	T	S	P	S
R	T	P	K	F	G	V	Z	T	E	T	X	I	B	T	F
O	R	B	R	N	G	A	G	L	L	S	D	S	W	Z	A
V	Y	K	X	K	T	F	B	B	Y	I	O	O	N	A	M
I	T	A	L	E	N	T	J	S	T	S	A	P	X	M	O
S	W	D	S	V	Z	P	W	N	S	A	L	M	M	O	U
A	R	T	S	E	H	C	R	O	C	H	U	O	H	O	S
T	T	E	C	H	N	I	Q	U	E	P	C	C	T	J	C
I	L	X	Y	H	Y	S	I	W	H	M	C	E	Y	M	T
O	N	S	M	W	R	M	G	P	W	E	I	P	H	V	C
N	E	Z	E	Y	B	G	Z	B	O	N	G	G	R	M	S

ALBUM
APPLAUSE
ARTIST
FAMOUS
COMPOSER
CONCERT
FAVORITES
GENRE
IMPROVISATION
SONG
MUSIC
EMPHASIS
NEW
ORCHESTRA
OLD
RHYTHM
COMPOSITION
STYLE
TALENT
TECHNIQUE

93 - Getallen

M	E	E	I	X	R	P	Y	T	I	E	F	O	F	Q	M
J	D	M	P	S	N	U	X	E	D	X	I	S	T	I	D
T	H	I	R	T	E	E	N	N	G	X	V	X	U	Q	I
H	E	G	Z	F	E	N	E	E	T	N	E	V	E	S	G
G	D	Y	V	E	T	J	V	E	E	Y	W	Q	G	K	E
I	Z	N	U	X	E	S	E	T	H	T	L	Y	C	H	I
E	Q	F	U	X	N	E	S	X	G	N	F	E	P	S	G
U	E	C	J	W	I	Y	A	I	B	E	Q	I	C	U	H
V	H	H	H	F	N	A	V	S	T	W	O	J	F	G	T
O	N	I	N	E	W	P	C	O	U	T	H	U	Q	D	E
G	Z	Z	F	O	U	R	T	E	E	N	T	T	O	C	E
M	D	T	E	D	G	Z	O	C	P	N	W	H	N	I	N
F	Y	R	R	R	Z	A	H	E	U	E	E	R	E	R	B
J	O	Y	A	U	O	A	D	B	S	I	L	E	V	Q	Y
I	O	U	N	E	N	F	W	S	N	K	V	E	K	U	A
V	U	U	R	R	P	V	W	O	Y	D	E	Q	D	D	Q

EIGHT
EIGHTEEN
THIRTEEN
THREE
ONE
NINE
NINETEEN
ZERO
TEN
TWELVE
TWO
TWENTY
FOURTEEN
FOUR
FIVE
FIFTEEN
SIX
SIXTEEN
SEVEN
SEVENTEEN

94 - Boksen

R	D	E	S	V	Z	R	S	T	R	E	N	G	T	H	L
P	O	M	L	L	H	E	E	I	N	J	U	R	I	E	S
R	M	P	L	L	F	C	V	T	T	H	J	Y	C	F	V
F	G	N	E	W	E	O	O	F	H	U	H	B	C	B	M
P	O	M	B	S	C	V	L	R	J	G	E	L	B	O	W
E	B	C	Y	X	M	E	G	P	U	B	I	A	R	D	U
A	D	D	U	L	U	R	Z	H	O	X	K	F	P	E	B
C	H	I	N	S	G	Y	O	P	P	O	N	E	N	T	U
K	R	M	N	J	H	N	I	H	Z	C	U	I	O	S	K
Q	D	R	E	N	R	O	C	S	V	E	P	A	H	U	I
N	M	E	U	H	D	H	R	K	X	M	Y	J	Z	A	C
V	B	F	F	I	S	T	G	I	I	V	A	T	T	H	K
H	Q	E	F	R	J	F	D	L	B	I	Q	V	X	X	G
N	E	R	Z	N	H	V	S	L	O	J	K	D	I	E	N
S	Q	E	N	J	K	Y	J	A	D	P	O	I	N	T	S
T	D	E	J	M	W	V	H	Z	Y	Q	U	I	C	K	O

ELBOW
FOCUS
GLOVES
RECOVERY
CORNER
CHIN
BELL
STRENGTH
BODY
POINTS
REFEREE
KICK
QUICK
OPPONENT
ROPES
EXHAUSTED
SKILL
FIGHTER
INJURIES
FIST

95 - Boerderij #2

F	K	S	S	S	K	C	U	D	Q	Z	Q	J	N	Y	D
M	P	H	S	C	N	O	I	T	A	G	I	R	R	I	L
B	D	E	B	H	X	R	O	T	C	A	R	T	A	S	H
E	F	P	R	A	E	N	V	E	G	E	T	A	B	L	E
E	L	H	E	M	R	E	W	O	M	L	B	E	S	A	T
H	Y	E	F	A	G	L	P	D	I	A	D	G	B	M	P
I	R	R	I	L	S	M	E	L	L	M	T	O	H	I	R
V	Z	D	D	L	R	M	E	Y	K	B	W	C	O	N	P
E	K	D	B	L	W	C	O	C	P	M	N	I	Q	A	A
Q	R	R	R	I	F	M	L	G	B	F	A	Q	R	E	C
K	I	A	F	M	L	W	C	G	E	R	A	F	F	W	R
E	Z	H	F	D	W	Q	Q	R	A	X	A	A	U	N	G
F	J	C	W	N	K	M	E	A	D	O	W	R	C	H	I
W	F	R	U	I	T	W	H	E	A	T	U	M	Y	U	R
L	D	O	N	W	W	A	R	J	V	C	Y	E	I	J	O
J	I	Z	C	U	I	Q	W	L	N	X	I	R	V	F	Z

BEEHIVE
FARMER
ORCHARD
ANIMALS
DUCK
FRUIT
BARLEY
VEGETABLE
SHEPHERD
IRRIGATION

LAMB
LLAMA
CORN
MILK
SHEEP
BARN
WHEAT
TRACTOR
MEADOW
WINDMILL

96 - Psychologie

S	E	N	S	A	T	I	O	N	R	V	C	Q	W	J	S
I	N	F	L	U	E	N	C	E	S	E	Y	S	X	J	P
E	M	O	T	I	O	N	S	W	N	C	A	B	P	N	J
A	S	S	E	S	S	M	E	N	T	N	I	L	T	O	Y
P	E	R	S	O	N	A	L	I	T	Y	P	K	I	I	P
U	C	O	N	F	L	I	C	T	N	U	S	B	L	T	E
O	N	C	O	G	N	I	T	I	O	N	V	I	K	P	Y
S	E	C	N	E	I	R	E	P	X	E	X	B	A	E	C
P	N	R	O	I	V	A	H	E	B	Q	P	N	U	C	L
R	W	K	T	N	E	M	T	N	I	O	P	P	A	R	I
O	G	E	M	Q	S	T	H	O	U	G	H	T	S	E	N
B	U	N	E	S	M	C	T	H	E	R	A	P	Y	P	I
L	X	F	R	G	A	T	I	R	W	C	L	O	A	S	C
E	Z	N	W	Z	E	D	O	O	H	D	L	I	H	C	A
M	P	R	D	A	R	P	N	M	U	M	W	M	H	A	L
A	X	A	H	R	D	E	G	K	M	S	D	E	N	T	F

APPOINTMENT
ASSESSMENT
UNCONSCIOUS
COGNITION
CONFLICT
DREAMS
EGO
EMOTIONS
EXPERIENCES
THOUGHTS

BEHAVIOR
SENSATION
INFLUENCES
CHILDHOOD
CLINICAL
PERCEPTION
PERSONALITY
PROBLEM
REALITY
THERAPY

97 - Zakelijk

D	E	E	B	Y	R	S	E	C	P	G	P	S	D	C	C
I	M	F	M	R	T	H	U	O	U	B	P	S	X	O	O
S	P	I	O	P	V	O	M	R	E	R	W	C	A	S	M
C	L	N	B	I	L	P	F	J	C	E	R	C	B	T	P
O	O	A	L	K	P	O	P	L	N	E	B	E	K	Y	A
U	Y	N	F	G	P	B	Y	Z	F	R	Z	M	N	B	N
N	E	C	I	F	F	O	E	E	L	A	S	O	O	C	Y
T	E	E	H	T	Q	G	N	L	R	C	V	C	I	O	Y
T	I	F	O	R	P	X	O	W	E	Y	S	N	T	W	S
E	A	Y	W	B	Y	V	M	X	J	Q	R	I	C	J	S
G	O	X	E	C	O	N	O	M	I	C	S	T	A	G	I
D	R	R	E	K	S	M	B	Z	T	P	A	D	S	G	E
U	G	K	V	S	O	M	Y	R	H	J	N	E	N	K	B
B	W	I	Q	C	I	K	M	L	F	J	A	J	A	S	O
N	G	G	Y	A	A	F	A	C	T	O	R	Y	R	Z	K
I	N	V	E	S	T	M	E	N	T	V	C	O	T	X	W

COMPANY
BUDGET
TAXES
CAREER
ECONOMICS
FACTORY
FINANCE
MONEY
INCOME
INVESTMENT
OFFICE
DISCOUNT
COST
TRANSACTION
CURRENCY
SALE
EMPLOYER
EMPLOYEE
SHOP
PROFIT

98 - Voeding

Q	N	H	X	P	S	A	U	C	E	A	Q	C	F	A	O
P	R	L	Q	R	V	P	V	O	O	X	F	A	E	P	U
H	K	R	H	O	E	D	I	E	T	D	S	R	R	P	M
A	E	T	J	T	B	T	H	G	I	E	W	B	M	E	F
H	T	L	A	E	H	B	T	M	M	C	Z	O	E	T	W
V	C	Y	U	I	D	A	V	I	M	N	B	H	N	I	O
B	I	H	S	N	I	X	O	T	B	A	Q	Y	T	T	F
N	A	T	S	S	D	I	U	Q	I	L	R	D	A	E	L
W	U	L	A	E	D	I	B	L	E	A	B	R	T	A	A
U	V	A	G	M	J	A	W	H	D	B	Q	A	I	P	V
F	O	E	N	O	I	T	S	E	G	I	D	T	O	E	O
H	S	H	W	F	R	N	U	R	U	Q	D	E	N	R	R
C	A	L	O	R	I	E	S	S	R	M	T	S	D	E	Q
T	K	X	R	B	V	U	P	B	Z	Z	C	G	K	B	U
D	V	K	L	F	A	R	I	Q	A	K	D	Q	C	N	J
W	Q	U	A	L	I	T	Y	N	U	T	R	I	E	N	T

BITTER
CALORIES
DIET
EDIBLE
APPETITE
PROTEINS
BALANCED
FERMENTATION
WEIGHT
HEALTHY
HEALTH
CARBOHYDRATES
QUALITY
SAUCE
FLAVOR
DIGESTION
TOXIN
VITAMIN
LIQUIDS
NUTRIENT

99 - Chemie

Z	V	F	S	P	Q	H	A	D	M	T	G	M	P	S	J
E	E	Q	I	Z	C	W	Y	B	I	I	D	E	B	D	L
S	Y	K	B	Q	G	J	E	D	P	A	T	T	J	W	T
R	E	A	C	T	I	O	N	L	R	D	U	A	Z	G	E
R	R	M	I	D	B	I	O	N	E	O	S	L	B	H	F
I	U	V	N	C	A	R	B	O	N	C	G	S	H	E	N
X	T	P	A	Y	A	C	I	D	C	P	T	E	L	A	O
Z	A	L	G	C	A	T	A	L	Y	S	T	R	N	T	F
H	R	A	R	K	W	E	I	G	H	T	E	E	O	X	C
E	E	Q	O	B	E	N	I	L	A	K	L	A	T	N	C
D	P	P	R	E	V	I	R	B	I	K	U	A	D	H	I
E	M	Y	Z	N	E	R	B	N	V	X	C	P	S	V	T
D	E	A	O	T	S	O	M	S	O	V	E	Z	A	V	T
G	T	Y	C	W	A	L	T	I	Q	C	L	Z	G	V	Z
L	I	Q	U	I	D	H	E	A	U	I	O	M	W	D	Y
O	X	Y	G	E	N	C	I	W	D	C	M	G	S	U	Y

ALKALINE
CHLORINE
ELECTRON
ENZYME
GAS
WEIGHT
ION
CATALYST
CARBON
METALS
MOLECULE
ORGANIC
REACTION
TEMPERATURE
LIQUID
HEAT
HYDROGEN
SALT
ACID
OXYGEN

1 - Metingen

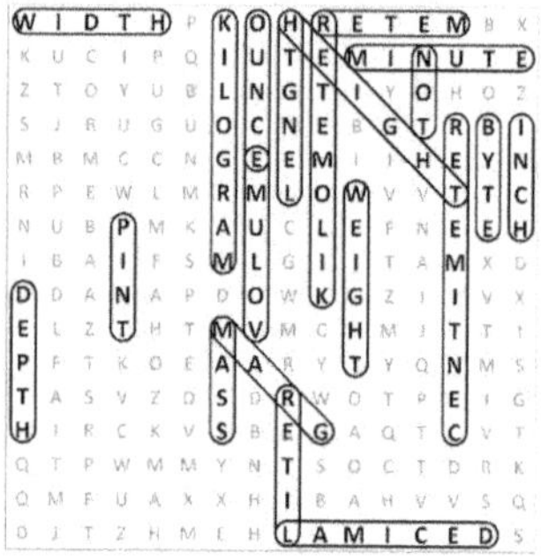

2 - Opwarming van de Aarde

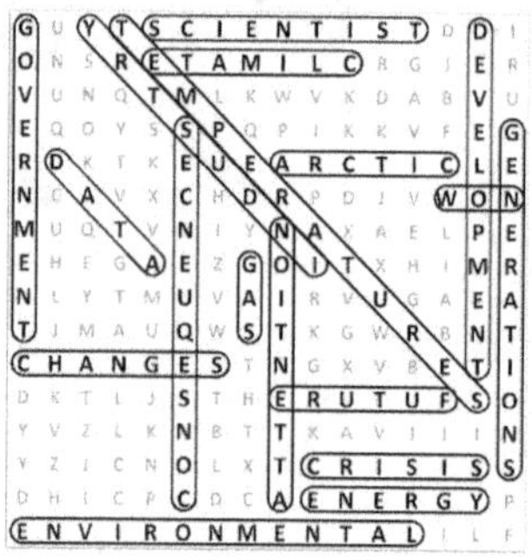

3 - Keuken

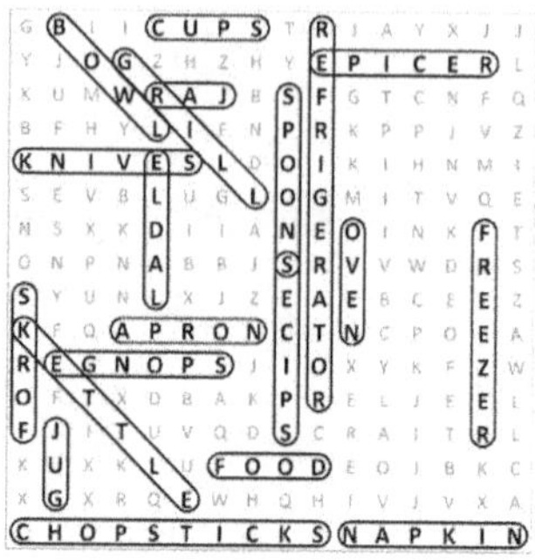

4 - Boten

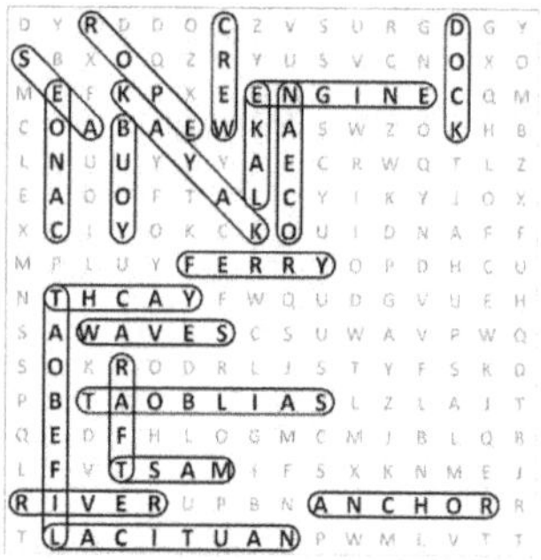

5 - Chocolade

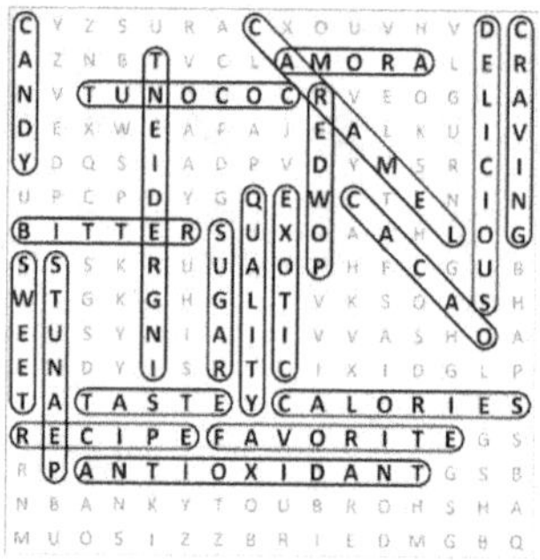

6 - Gezondheid en Welzijn #2

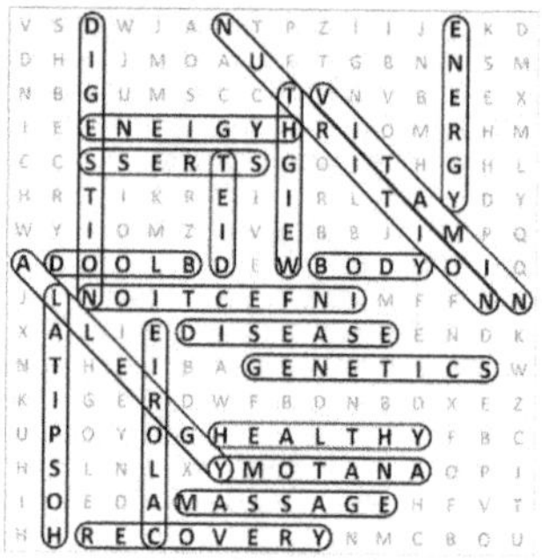

7 - Tijd

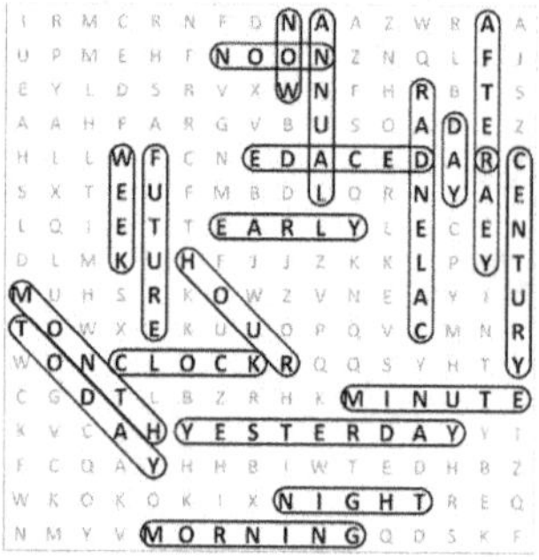

8 - Meditatie

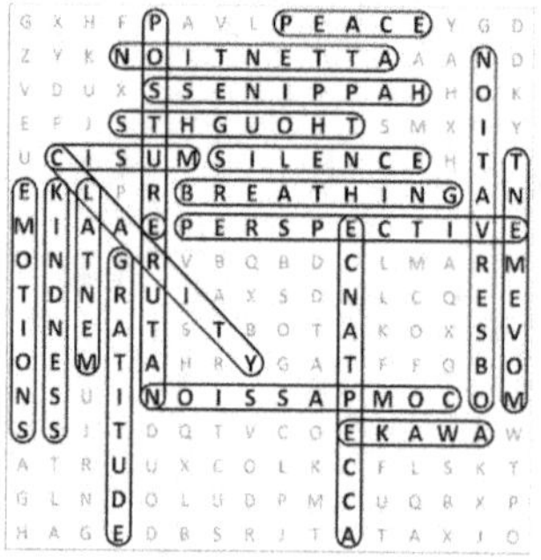

9 - Muziek

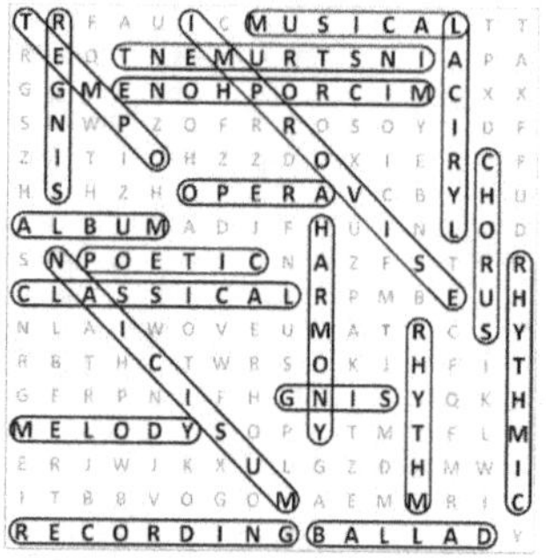

10 - Vogels

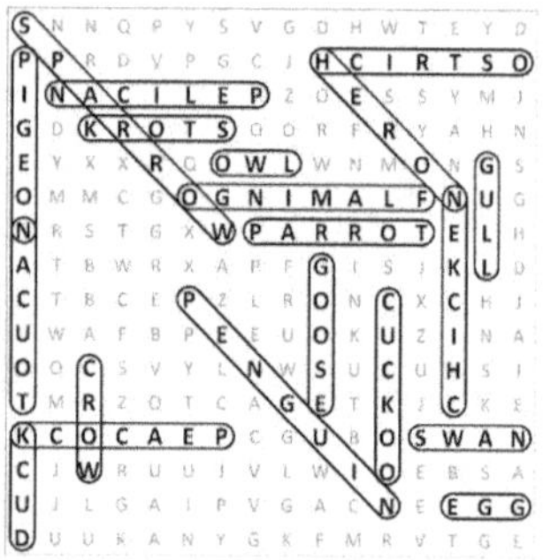

11 - Behoud

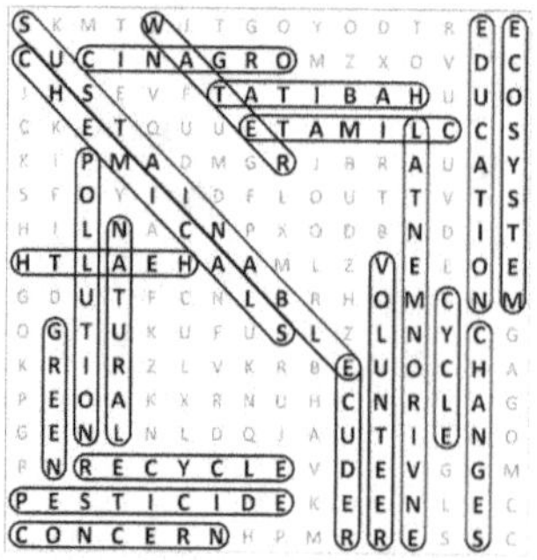

12 - Wiskunde

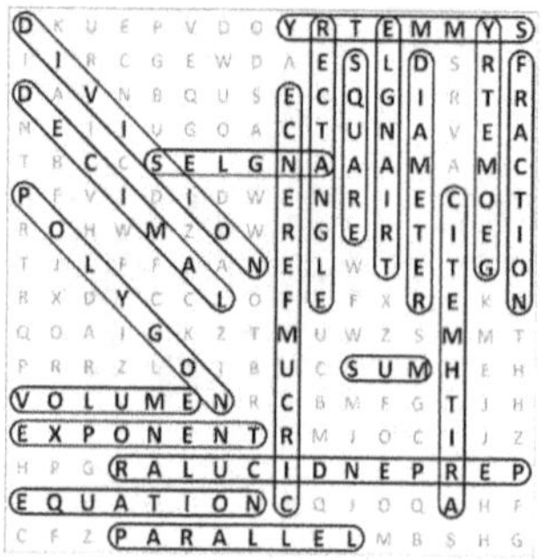

13 - Gezondheid en Welzijn #1

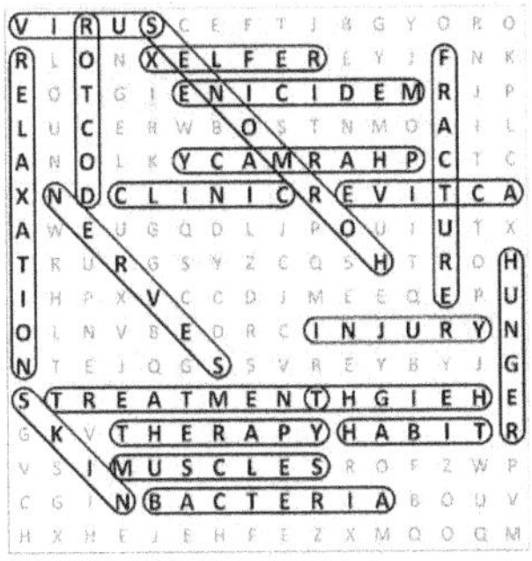

14 - Camping

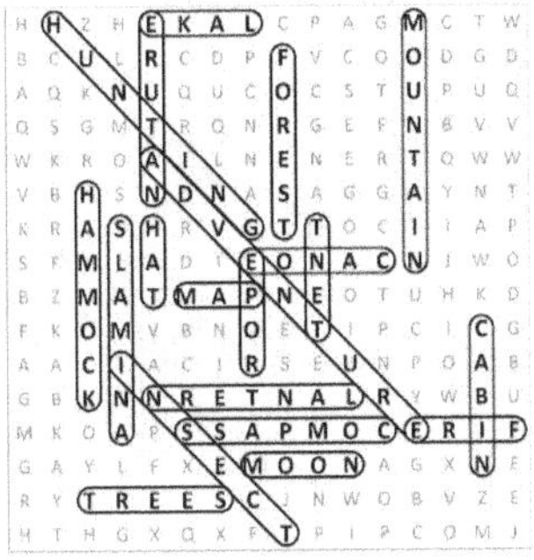

15 - Algebra

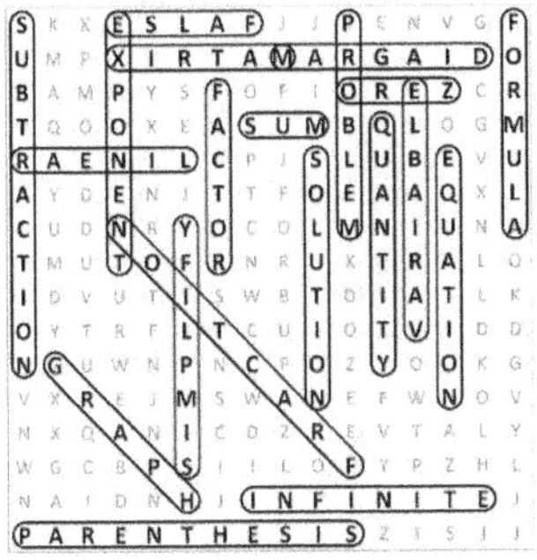

16 - Activiteiten

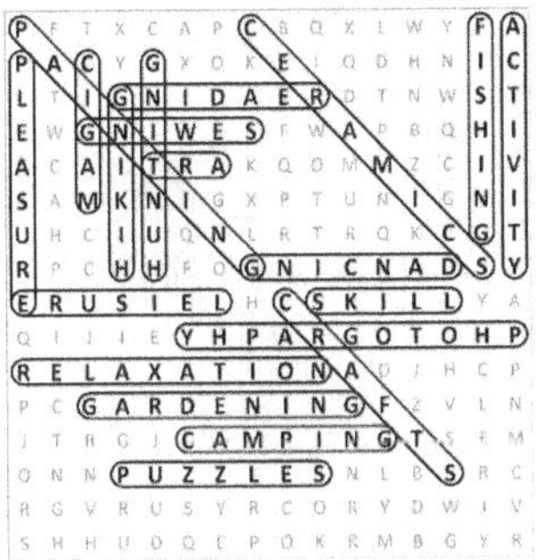

17 - Vormen

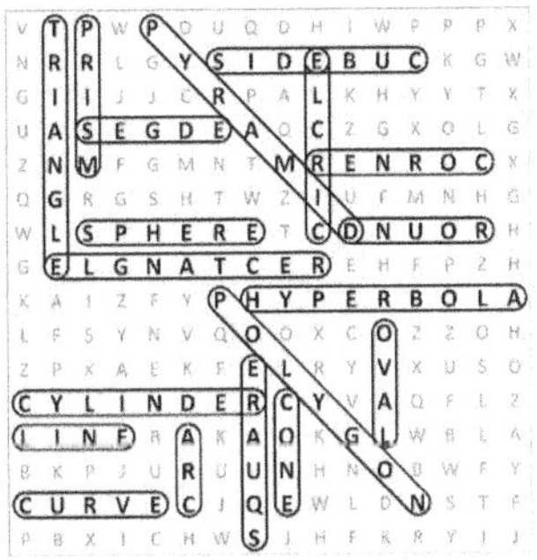

18 - Diplomatie

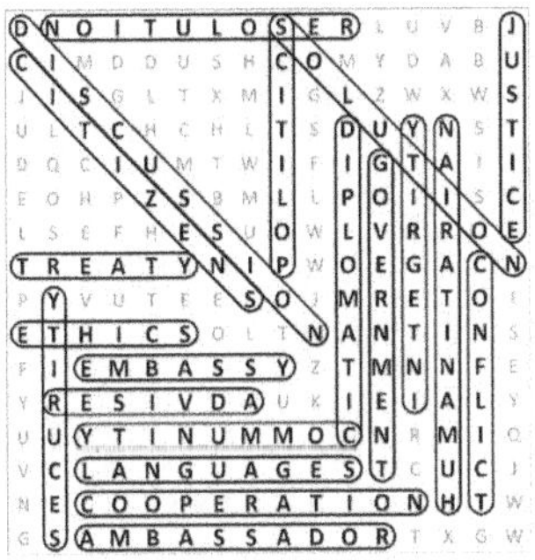

19 - Astronomie

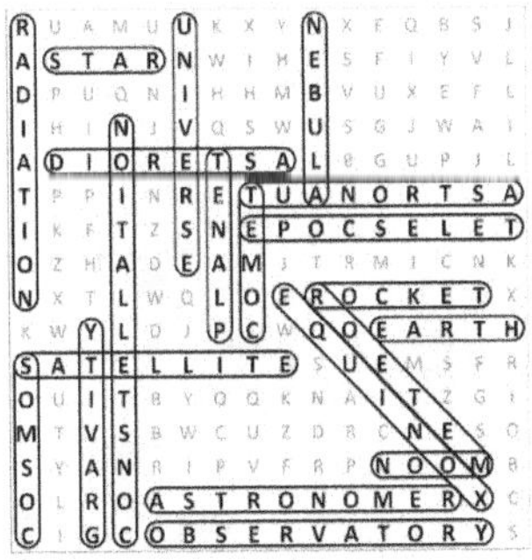

20 - Emoties

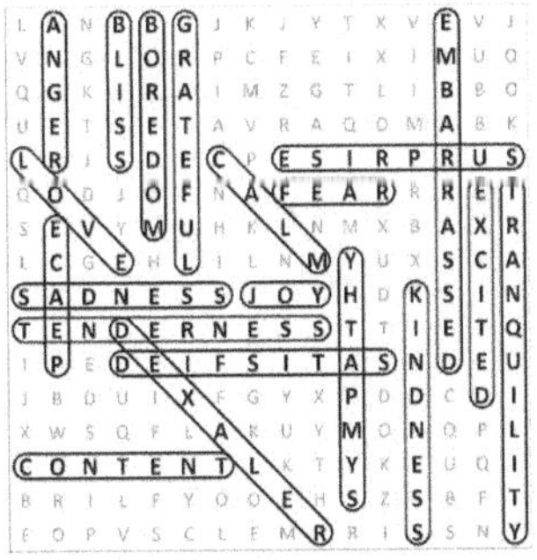

21 - Eten #2

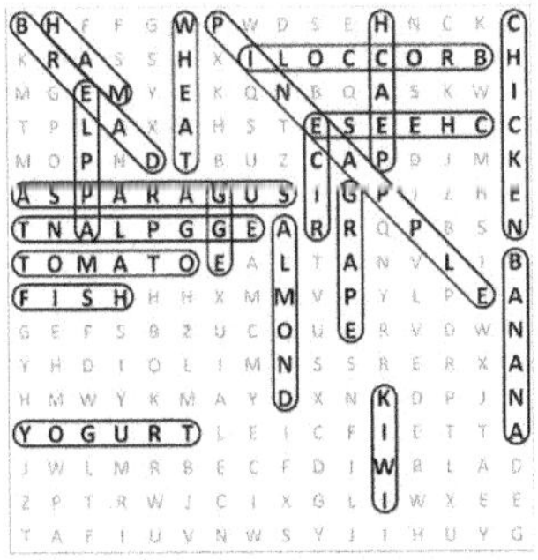

22 - Restaurant #1

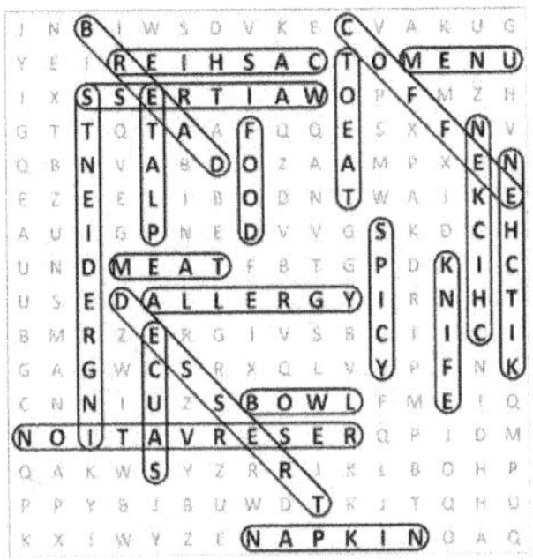

23 - Geologie

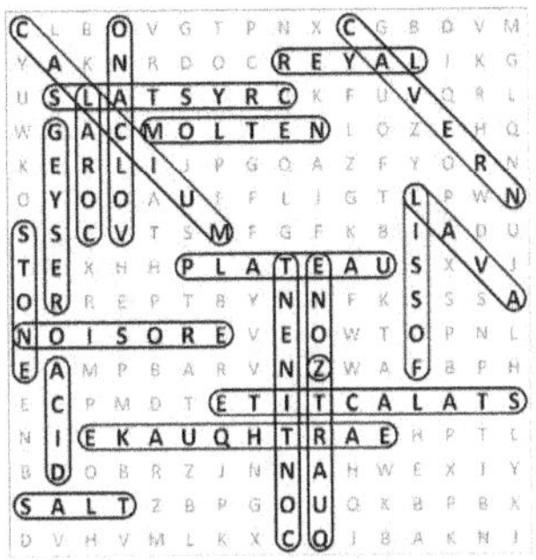

24 - Specerijen

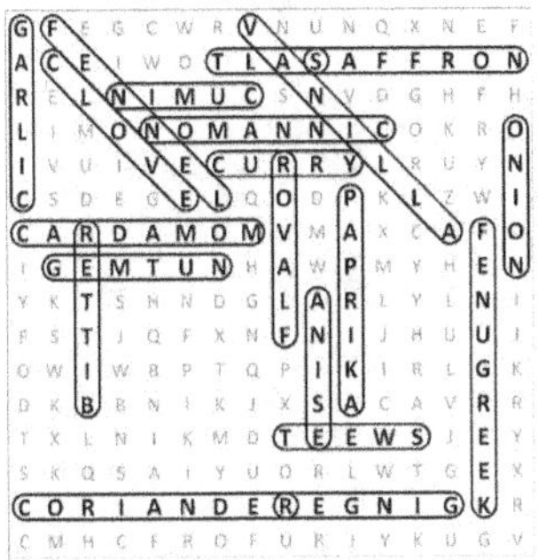

25 - Archeologie

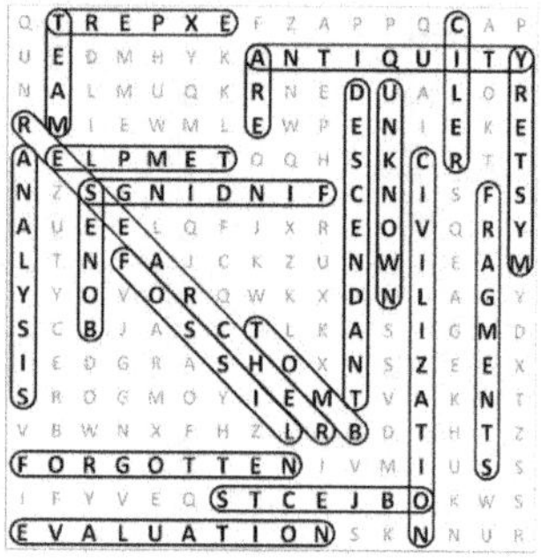

26 - Dans

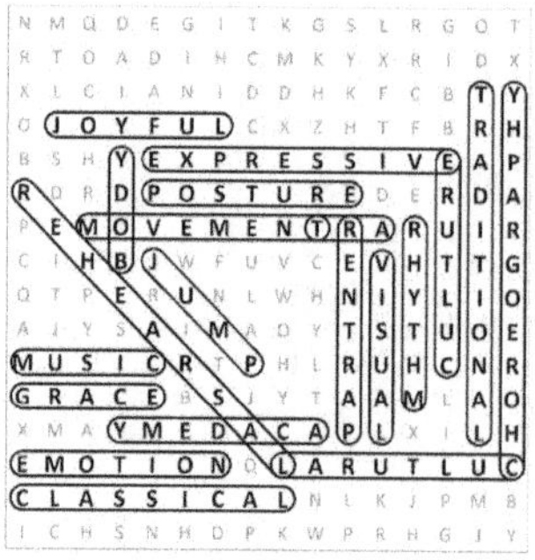

27 - Ziekte

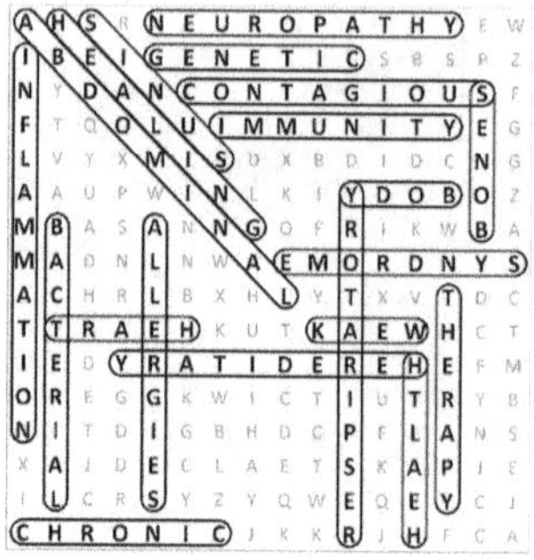

28 - Mythologie

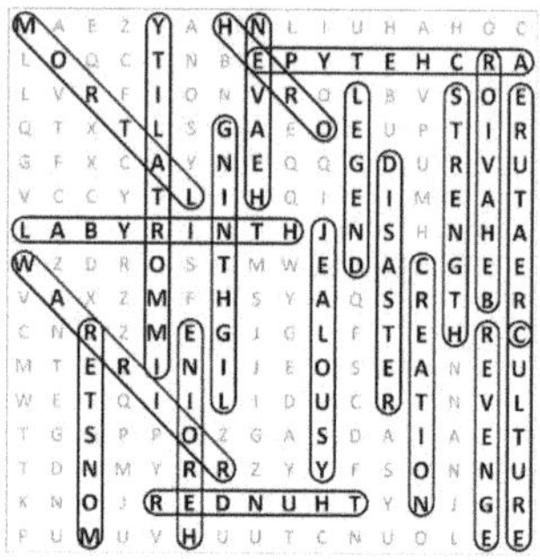

29 - Eten #1

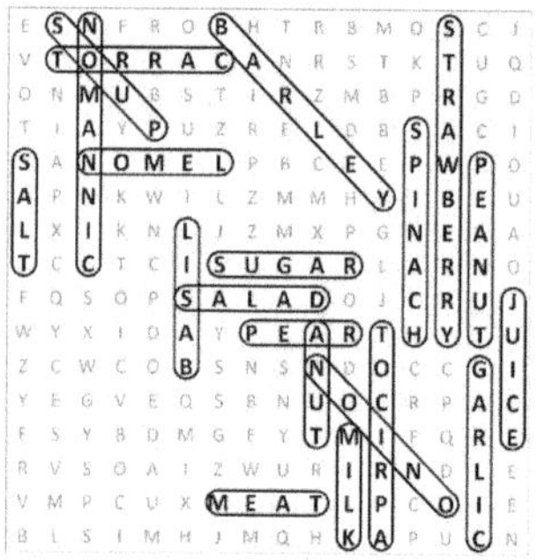

30 - Avontuur

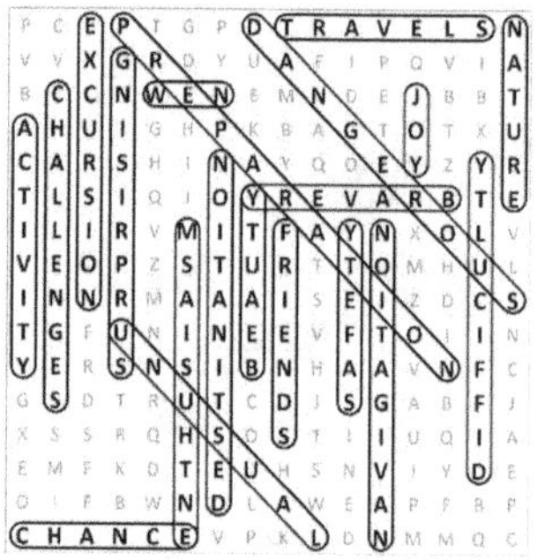

31 - Restaurant #2

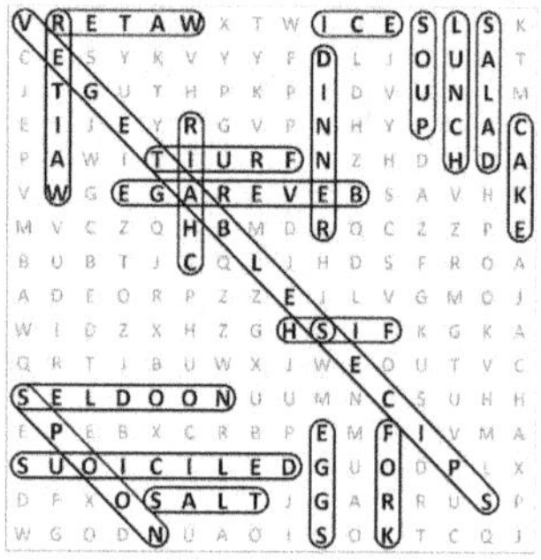

32 - De Media

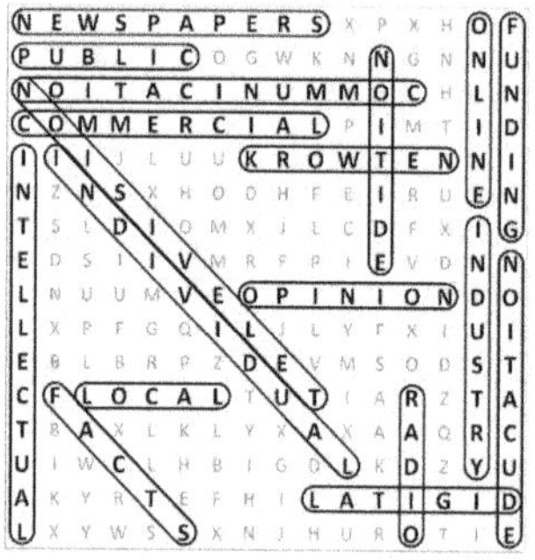

33 - Bijen

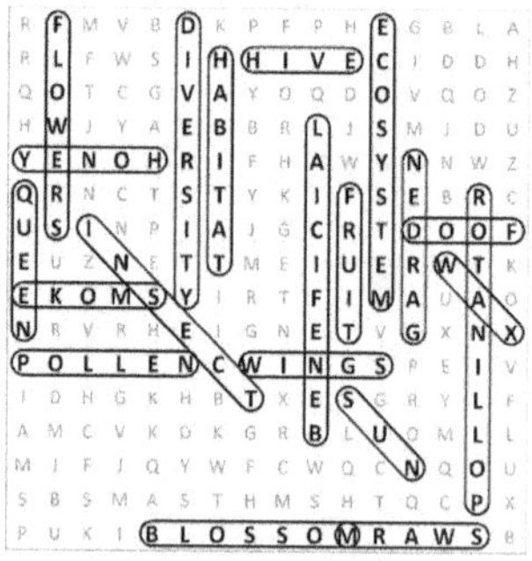

34 - Wandelen

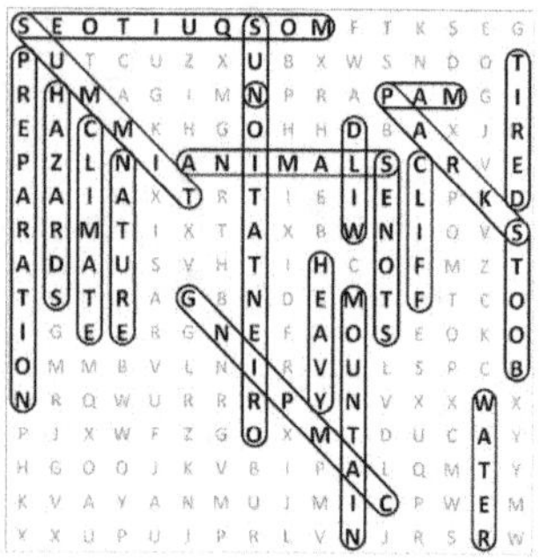

35 - Ecologie

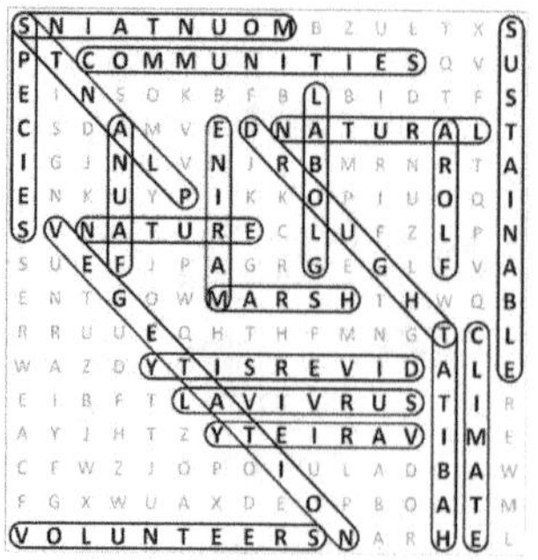

36 - Biologie

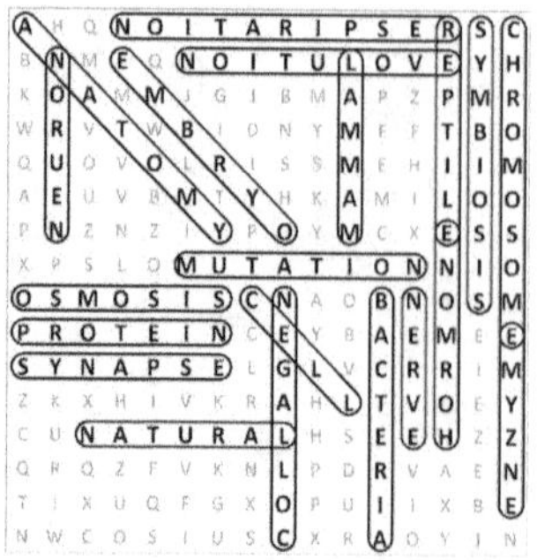

37 - Landen #1

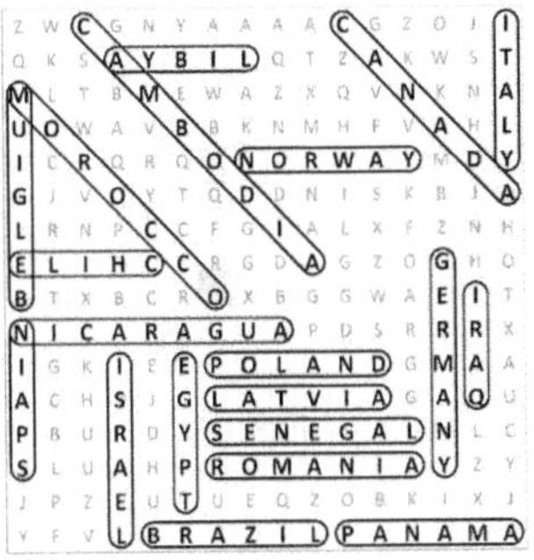

38 - Installaties

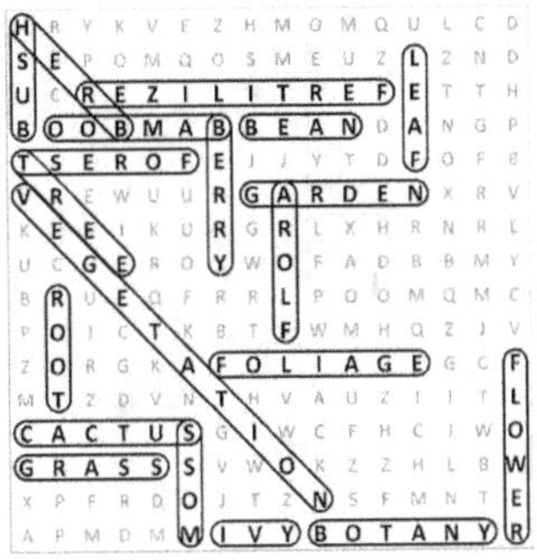

39 - Agronomie

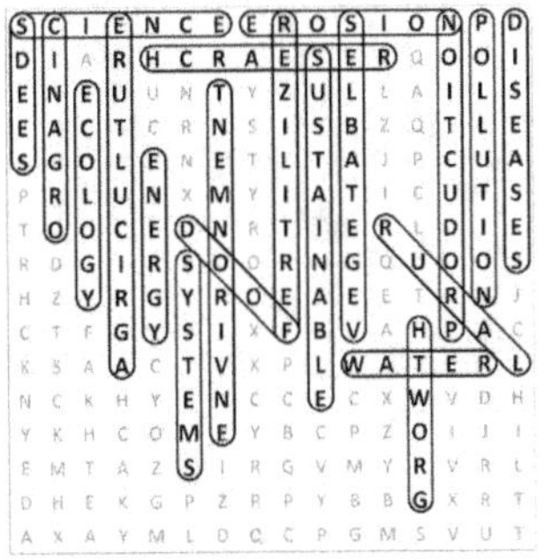

40 - Oceaan

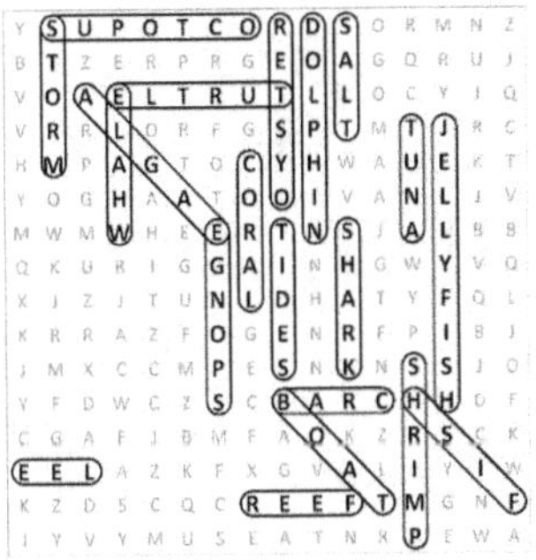

41 - Landen #2

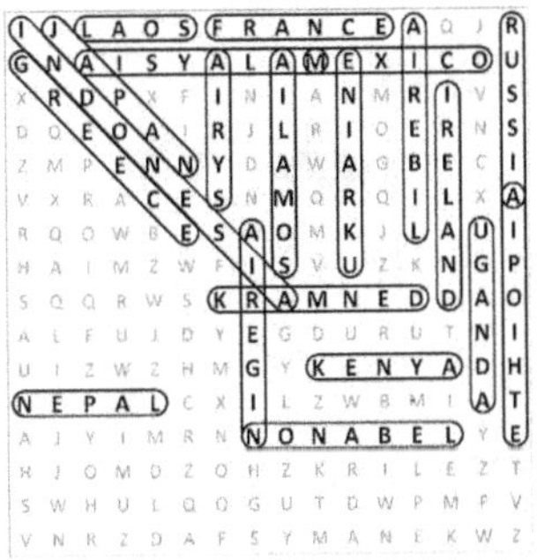

42 - Bloemen

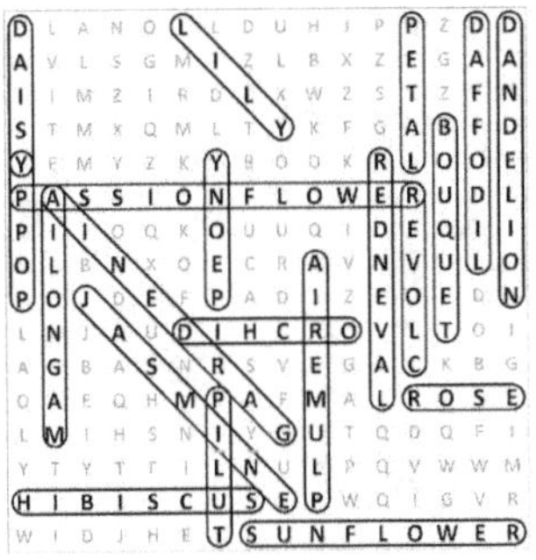

43 - Landschappen

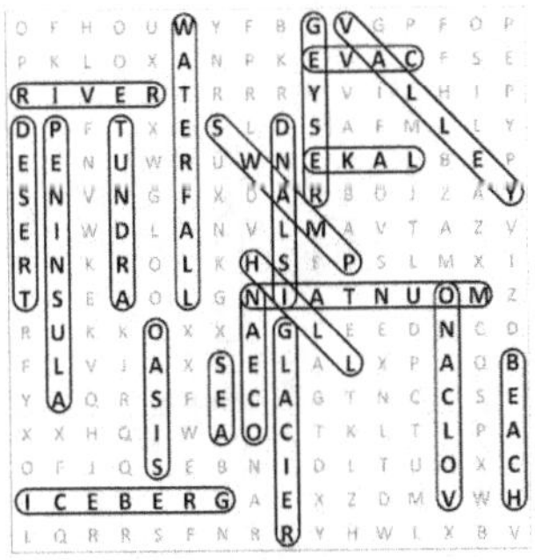

44 - Tuin

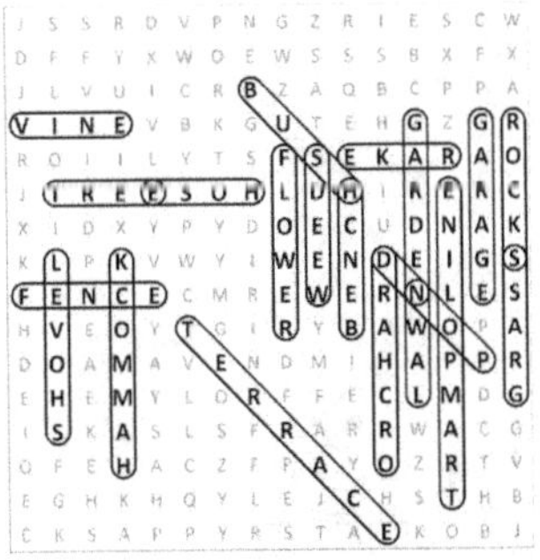

45 - Beroepen #2

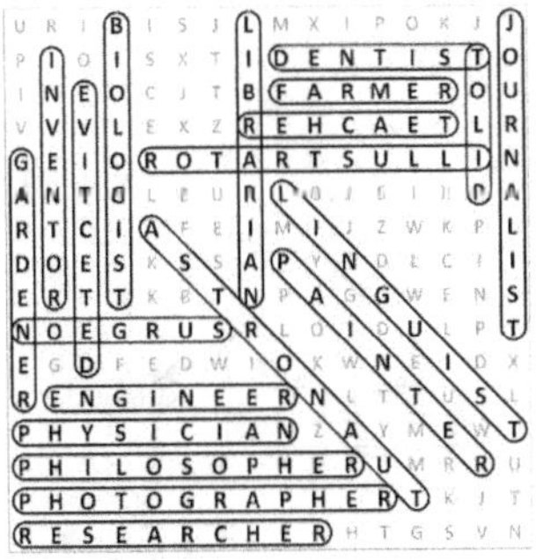

46 - Dagen en Maanden

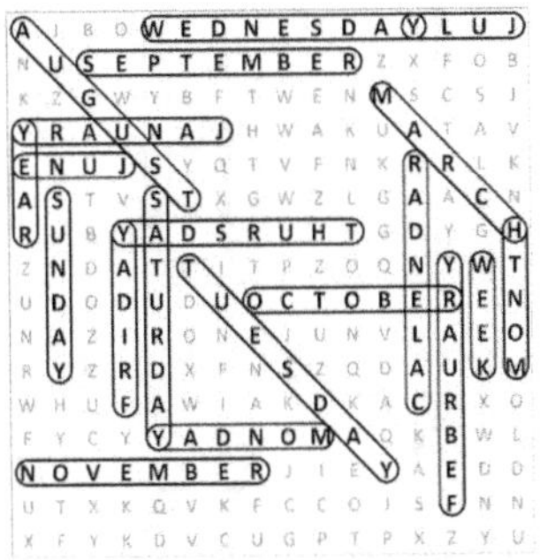

47 - Mode

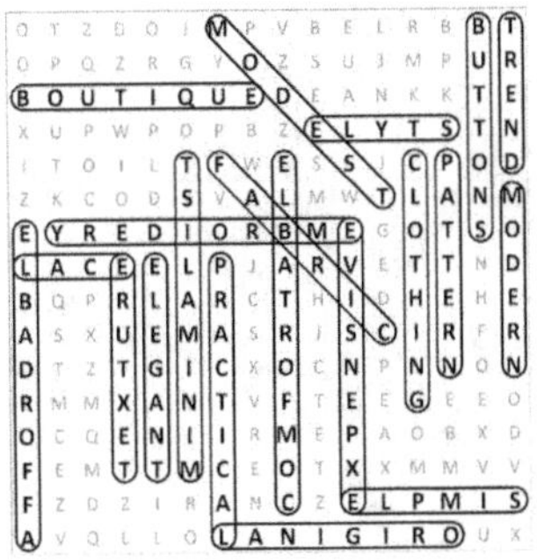

48 - Tuinieren

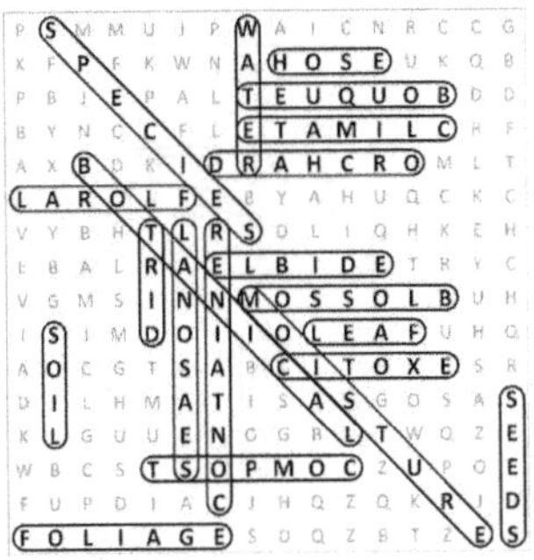

49 - Menselijk Lichaam

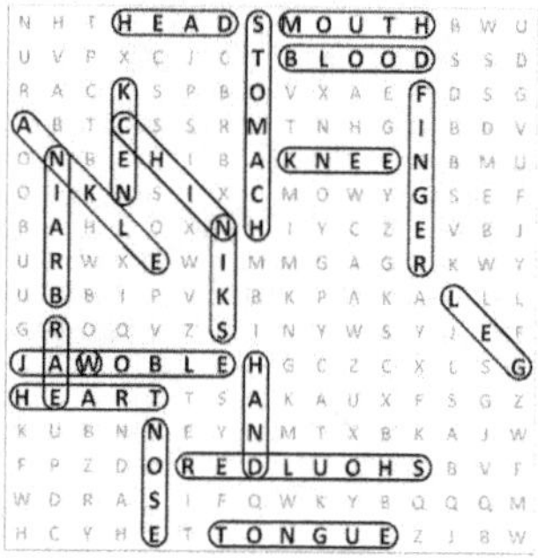

50 - Energie

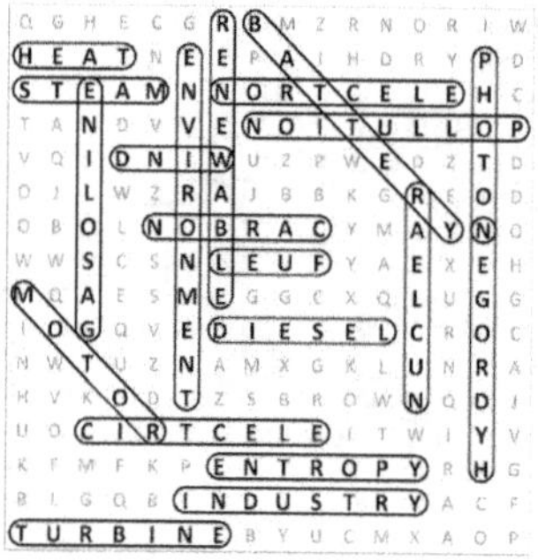

51 - Familie

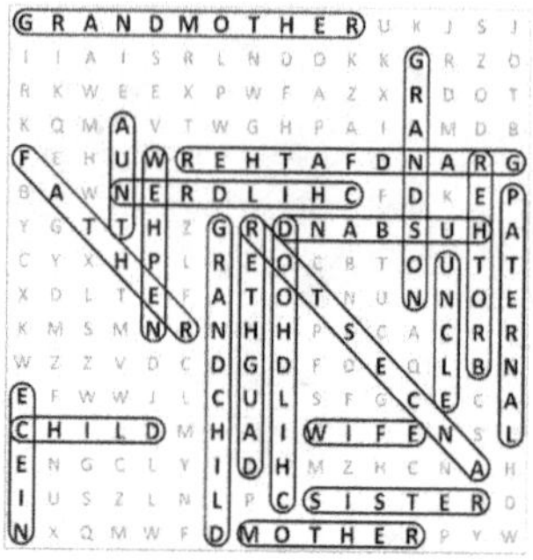

52 - Gebouwen

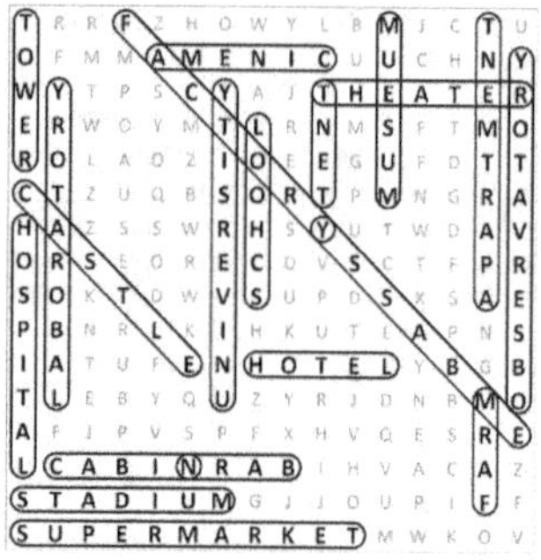

53 - Kunst

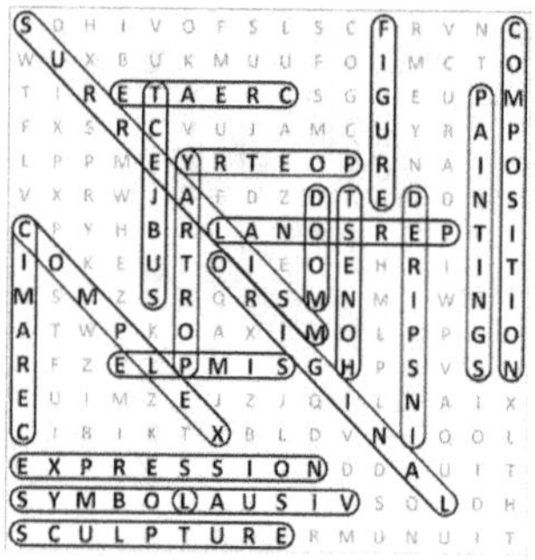

54 - Beroepen #1

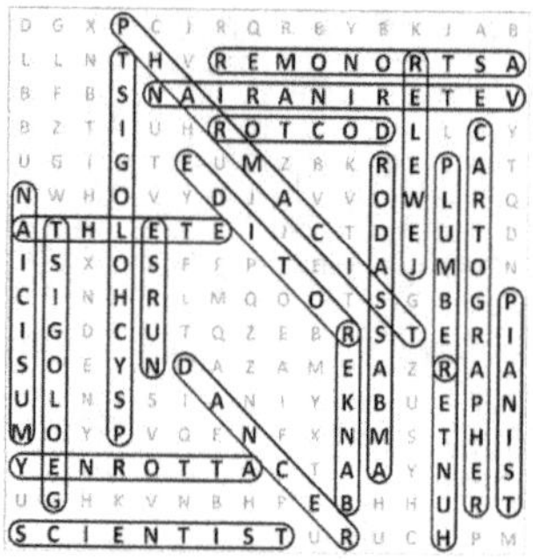

55 - Antarctica

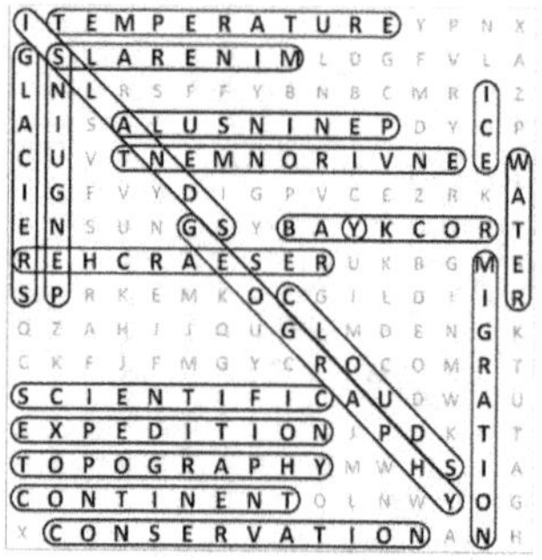

56 - Ballet

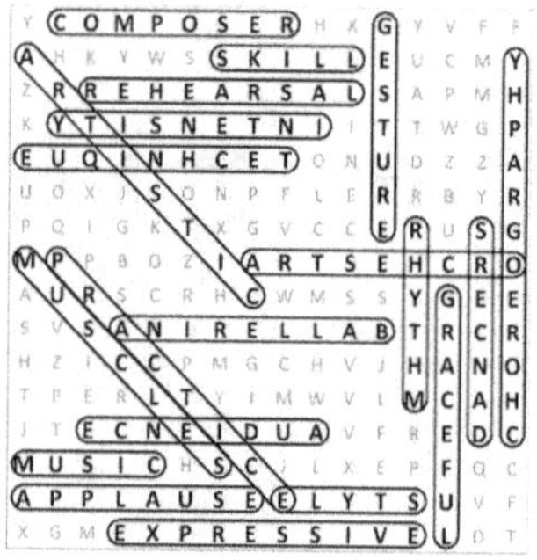

57 - Fruit

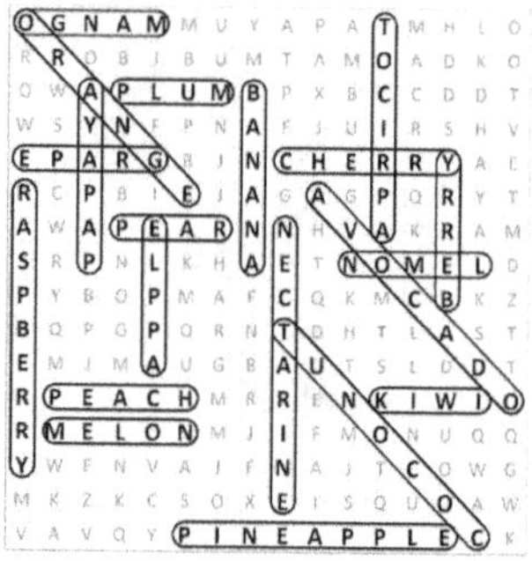

58 - Engineering

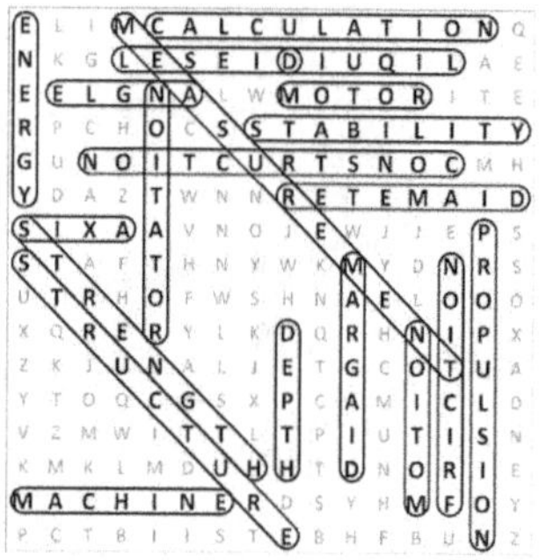

59 - Literatuur

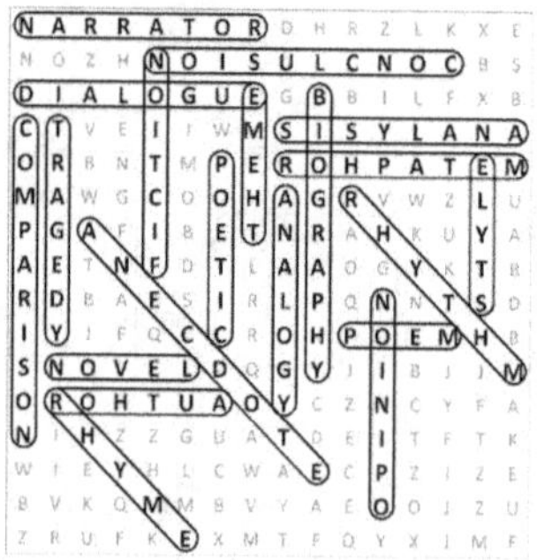

60 - Boeken

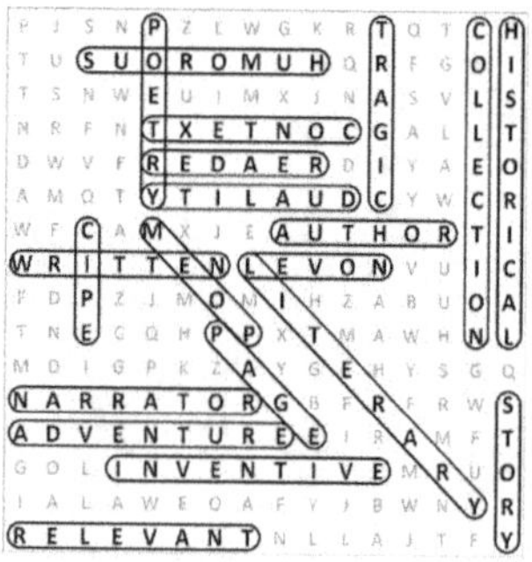

61 - Meer Informatie

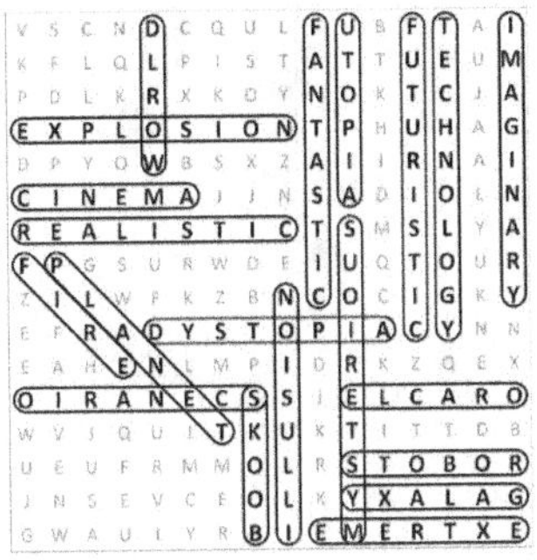

62 - Regenwoud

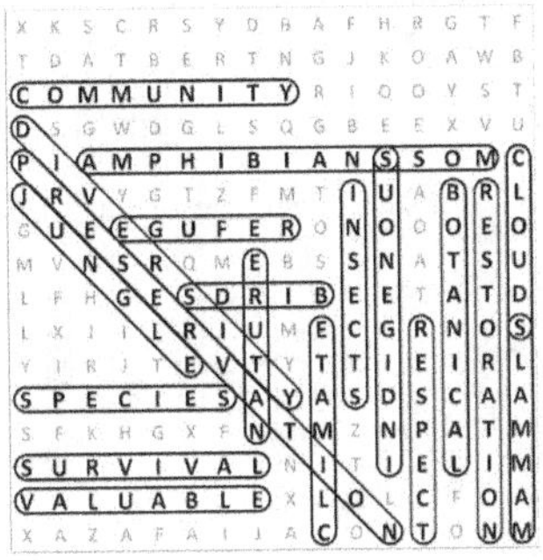

63 - Haartypes

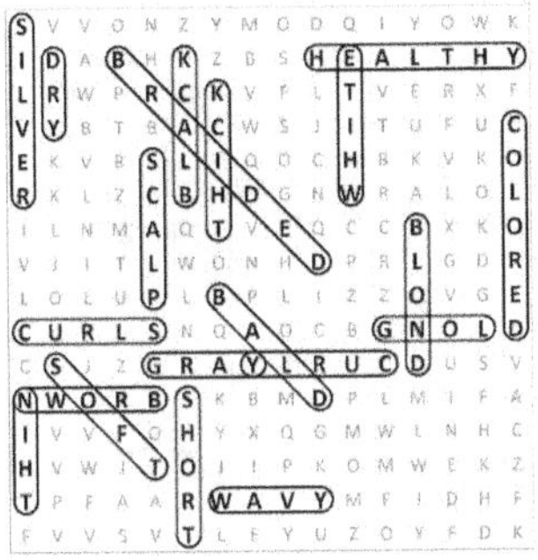

64 - Stad

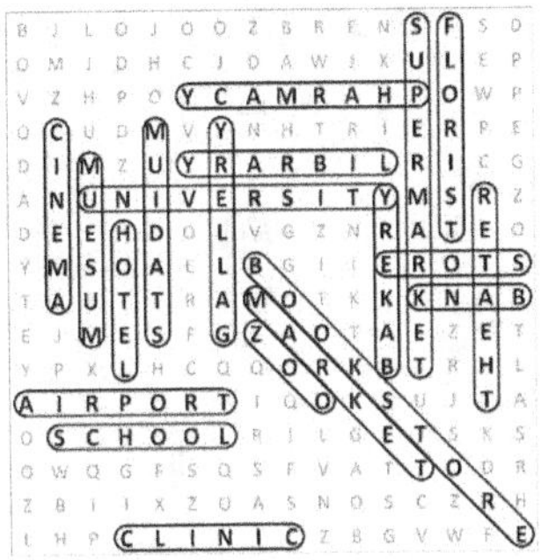

65 - Creativiteit

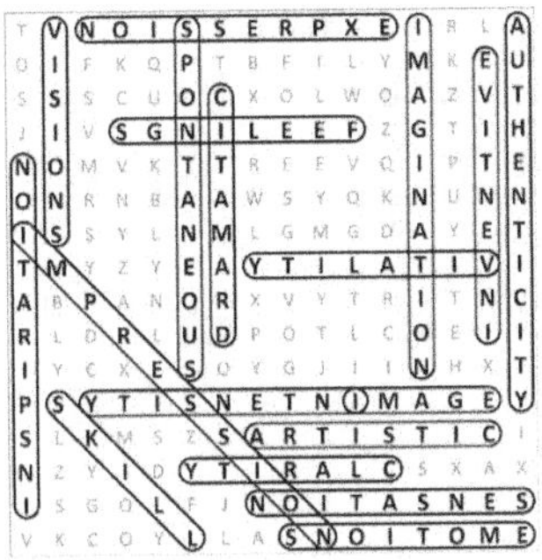

66 - Natuur

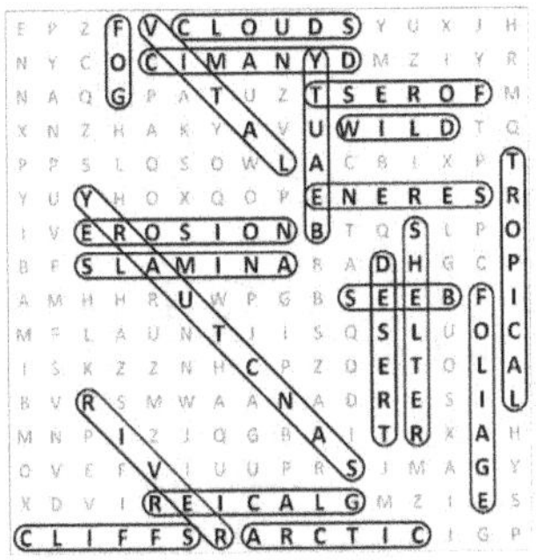

67 - Zoogdieren

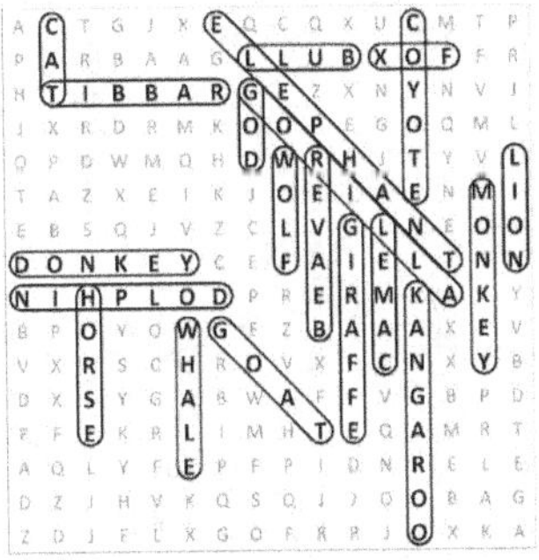

68 - Overheid

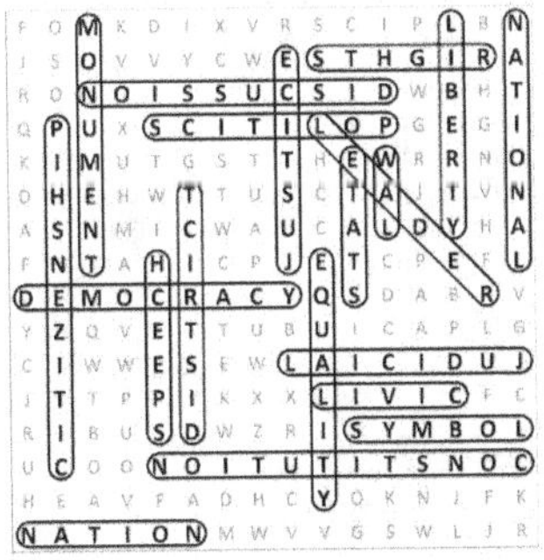

69 - Geografie

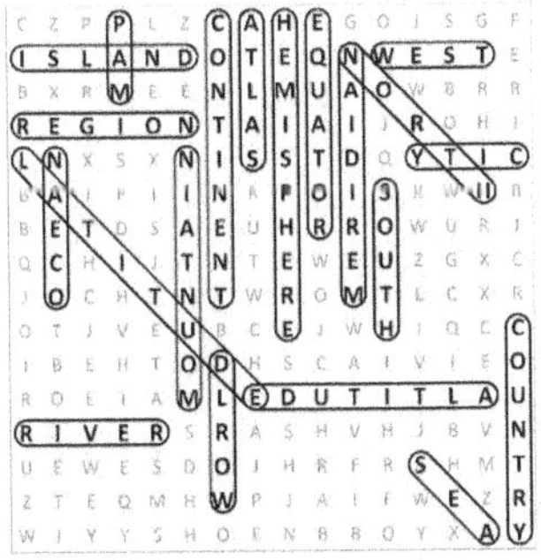

70 - Kunstbenodigdhe

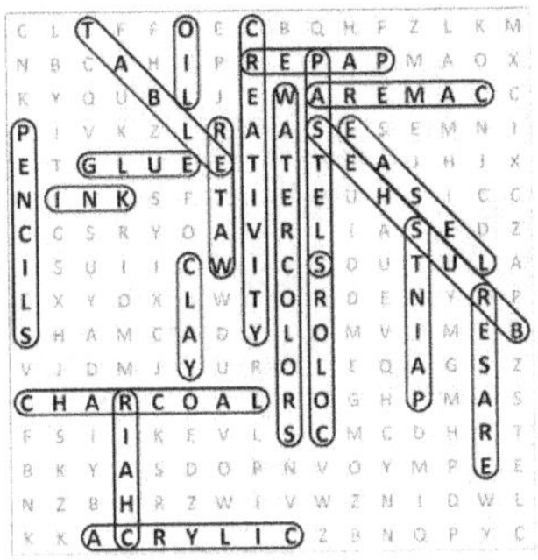

71 - Barbecues

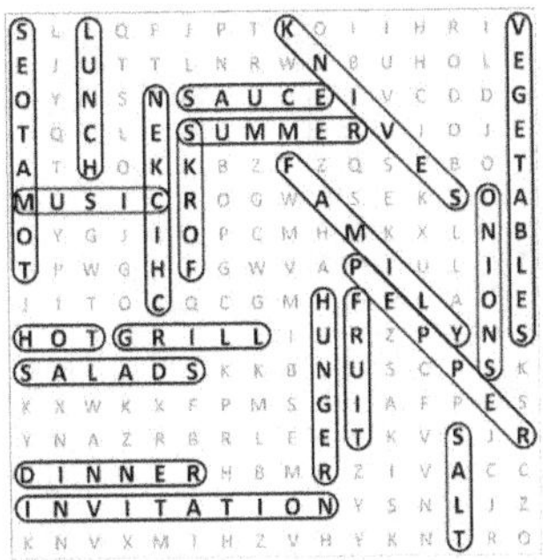

72 - Schoonheid

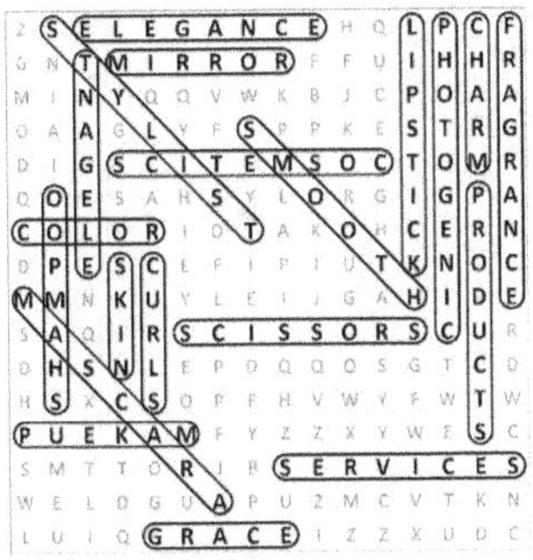

73 - Wetenschappelijk

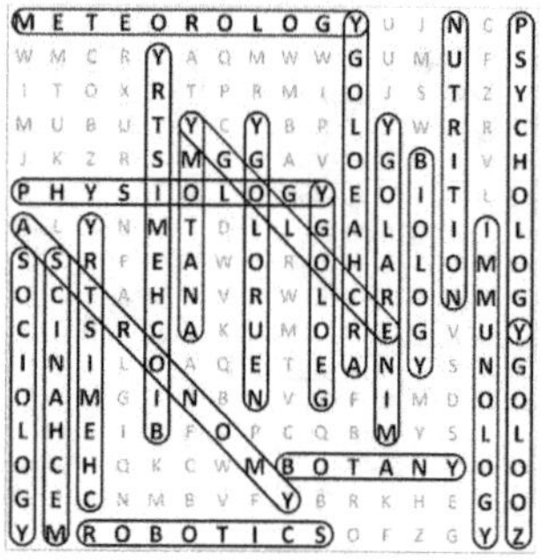

74 - Bijvoeglijke Naamwoorden

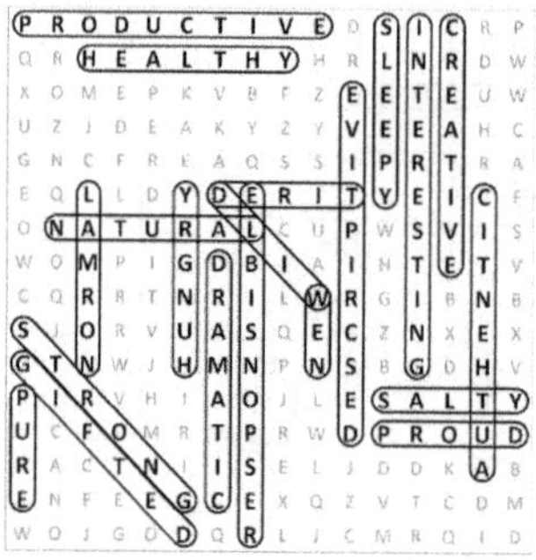

75 - Kleding

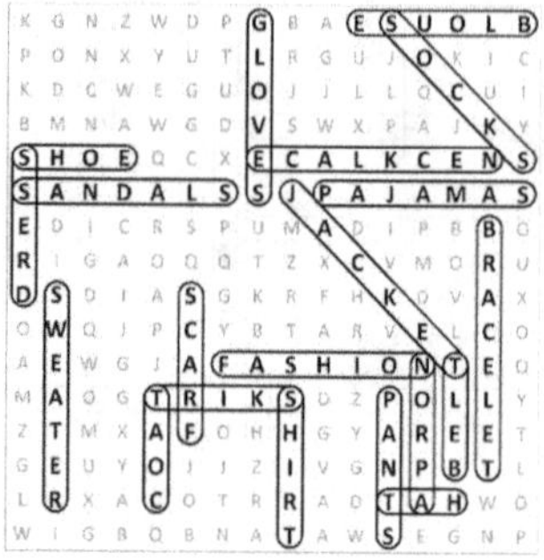

76 - Vliegtuigen

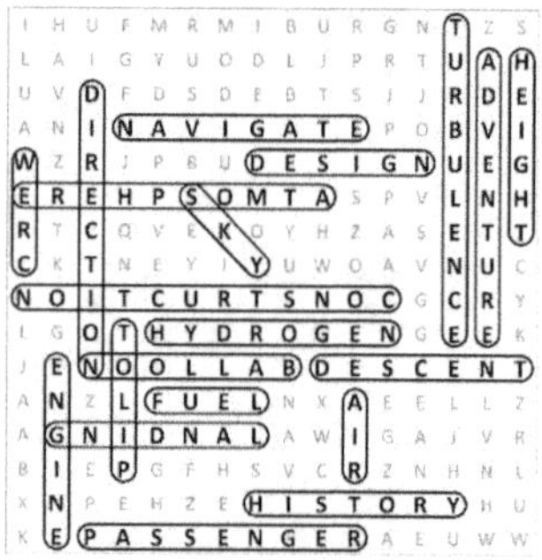

77 - Herbalisme

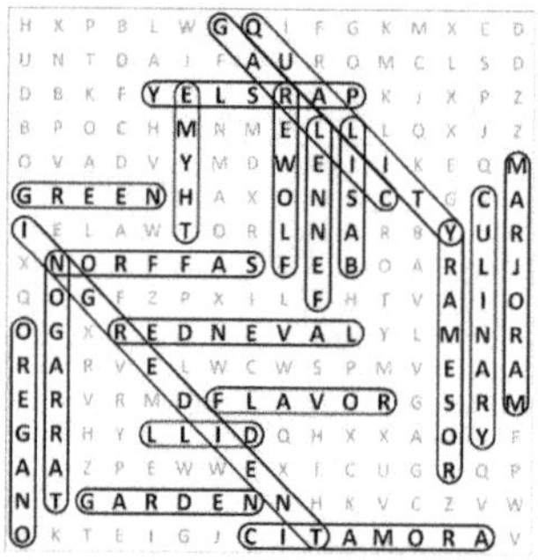

78 - Kracht en Zwaartekracht

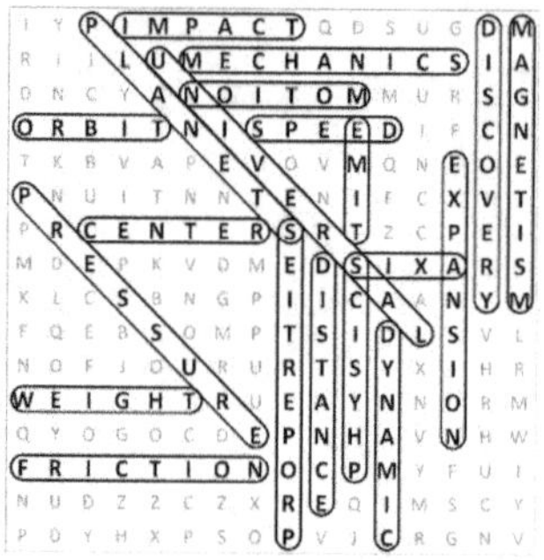

79 - Het Bedrijf

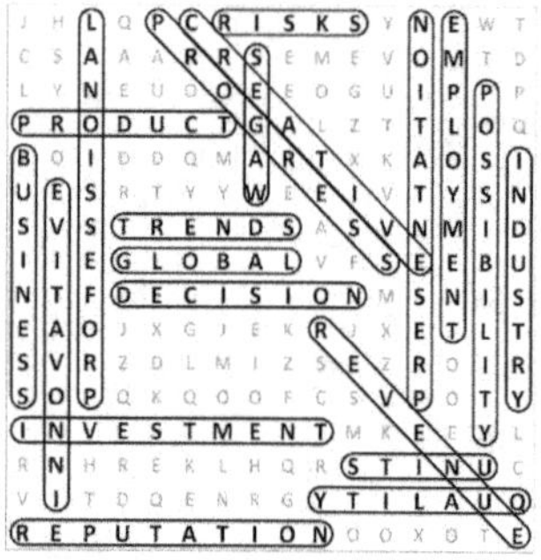

80 - Rijden

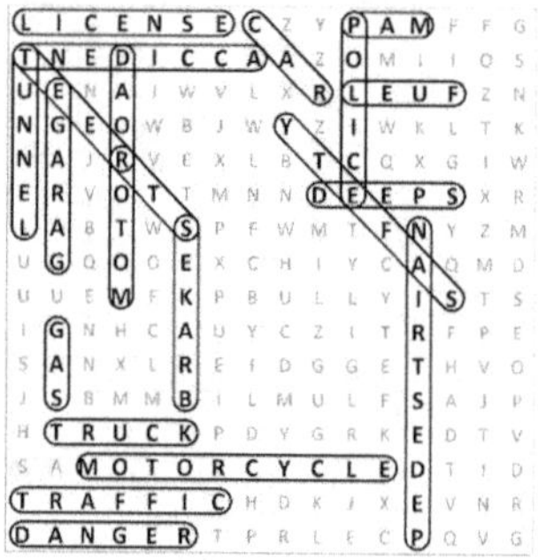

81 - Wetenschap

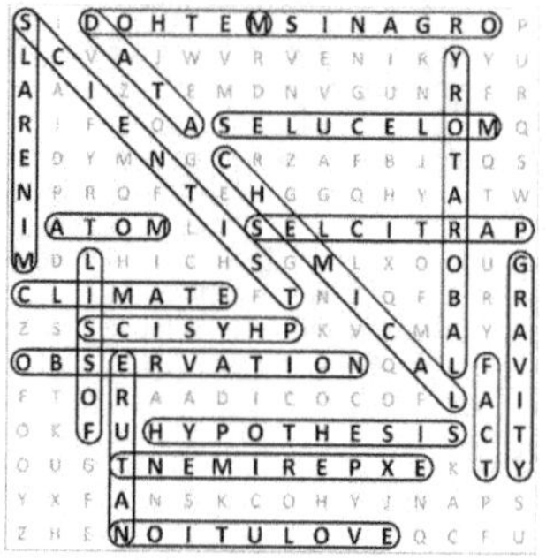

82 - Natuurkunde

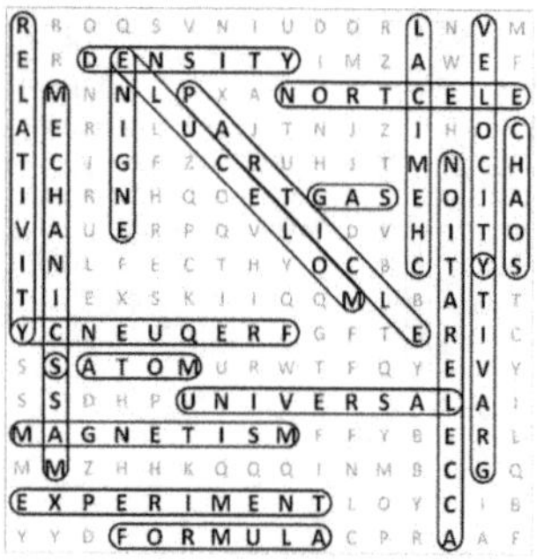

83 - Muziekinstrument

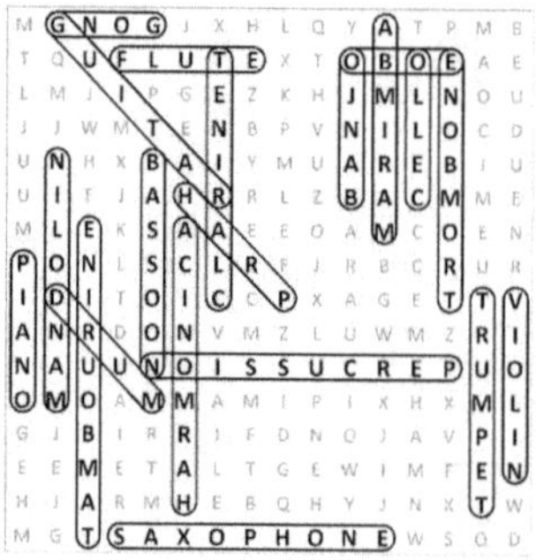

84 - Ethiek

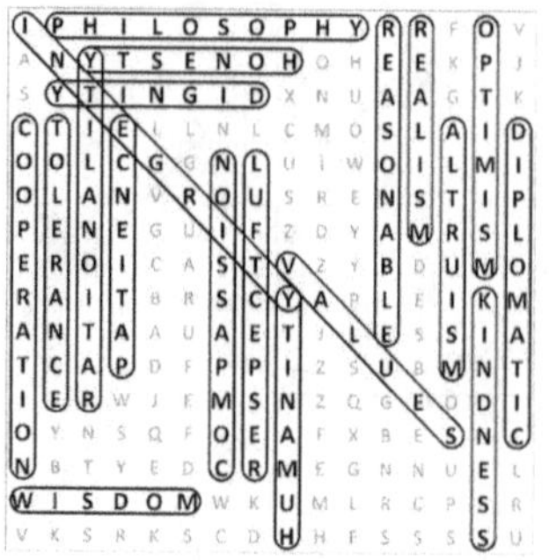

85 - Antiek

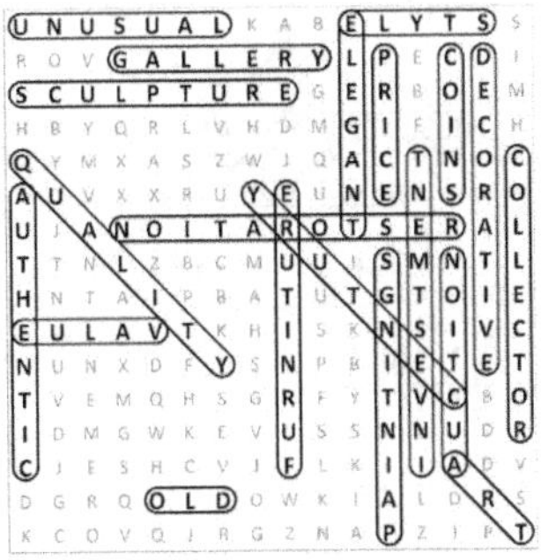

86 - Activiteiten en Vrije Ti

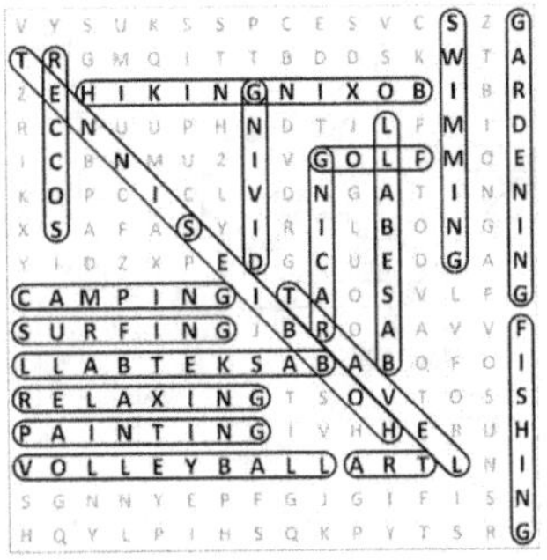

87 - Koffie

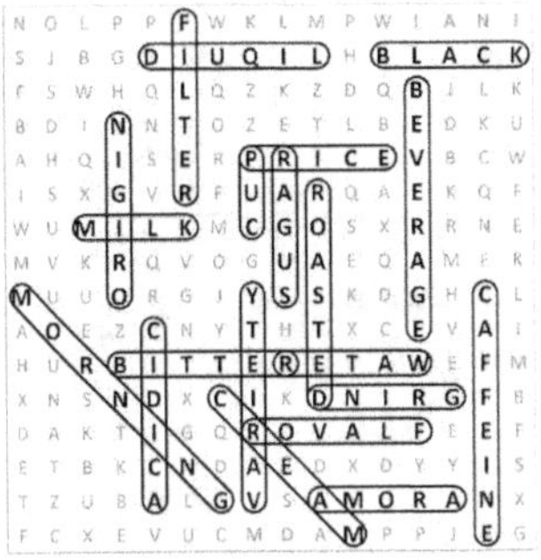

88 - Schaken

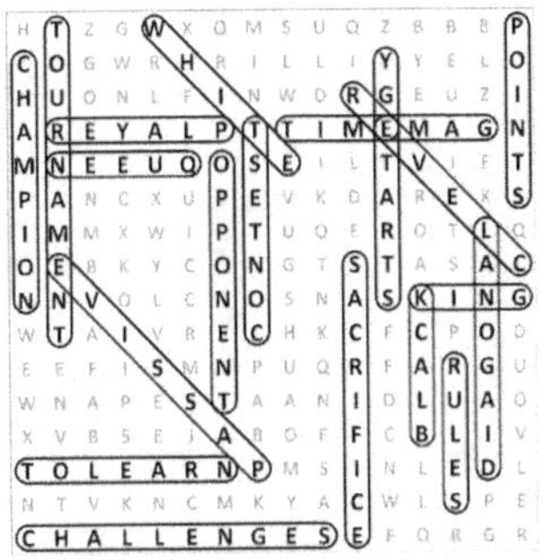

89 - Boerderij #1

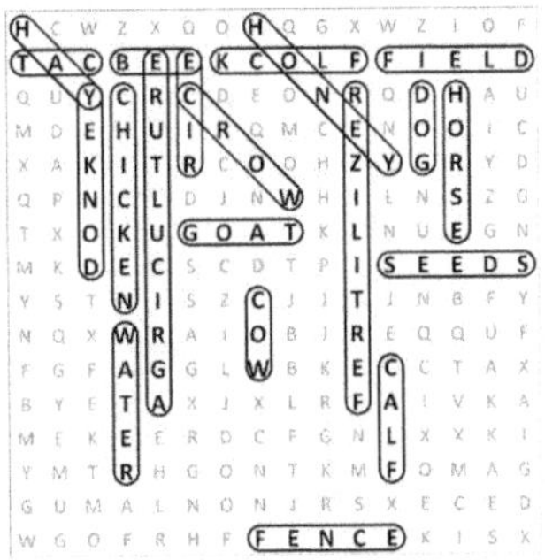

90 - Huis

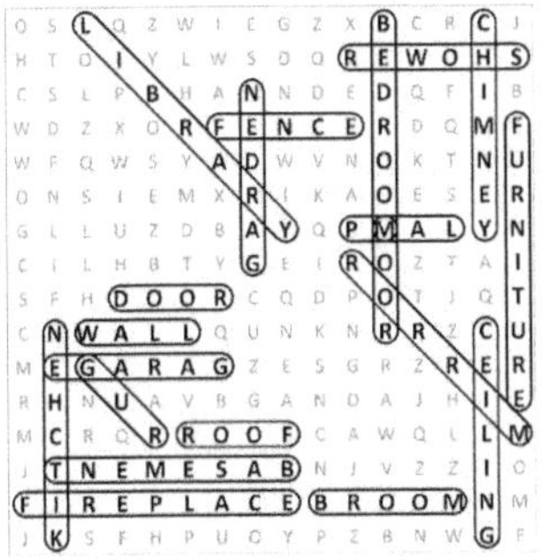

91 - Geometrie

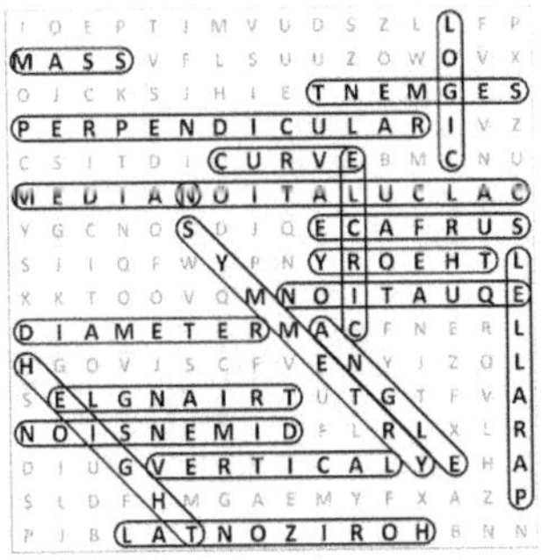

92 - Jazz

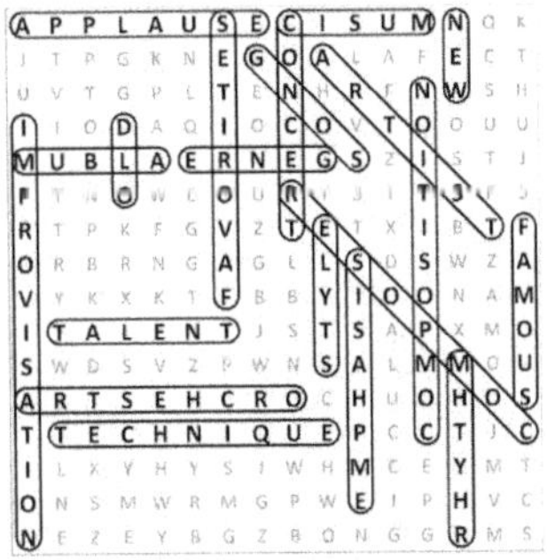

93 - Getallen

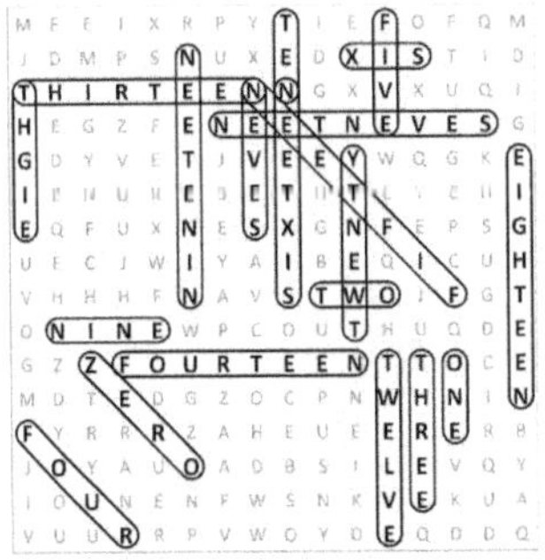

94 - Boksen

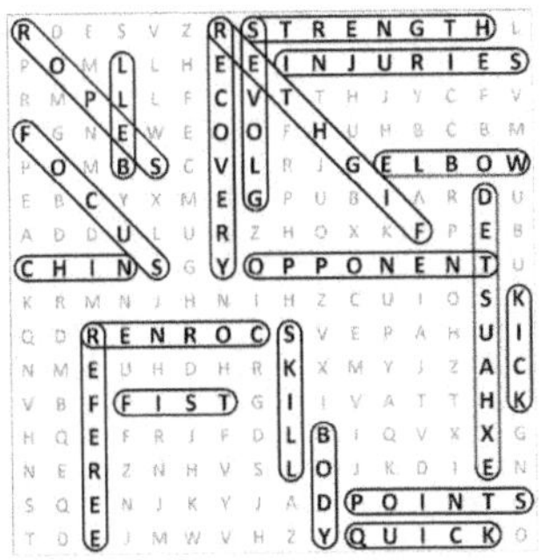

95 - Boerderij #2

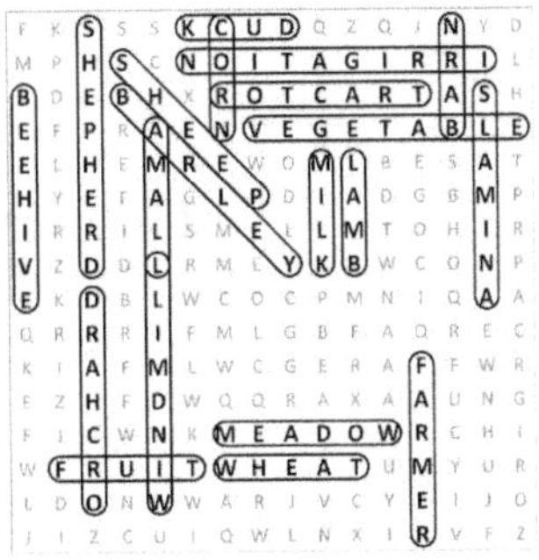

96 - Psychologie

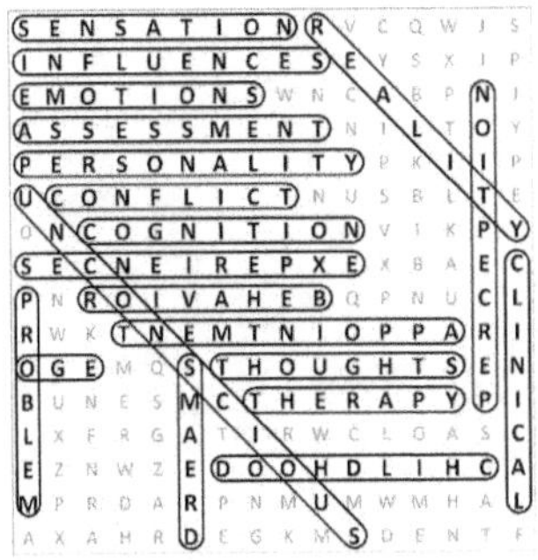

97 - Zakelijk

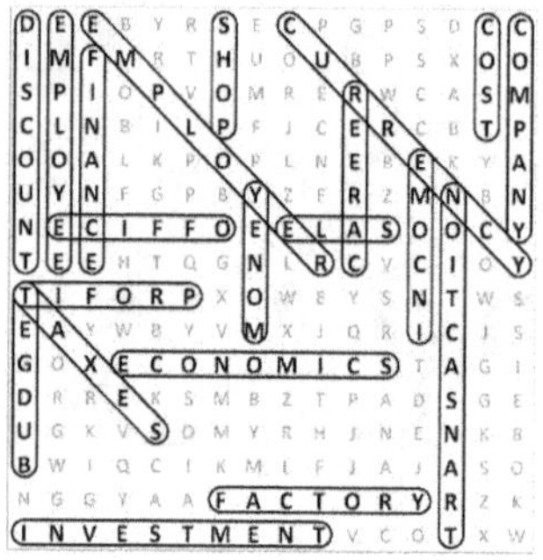

98 - Voeding

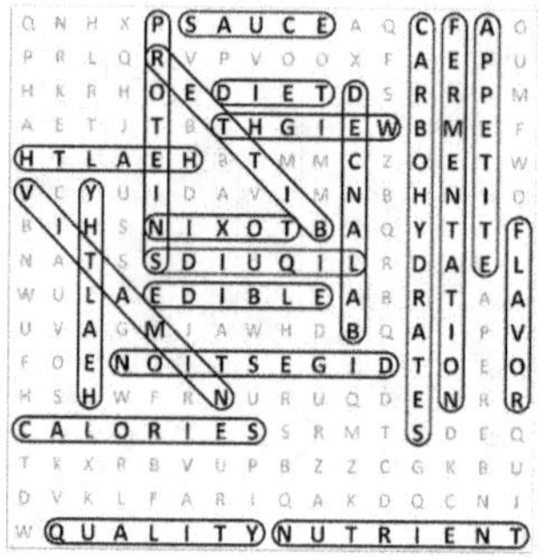

99 - Chemie

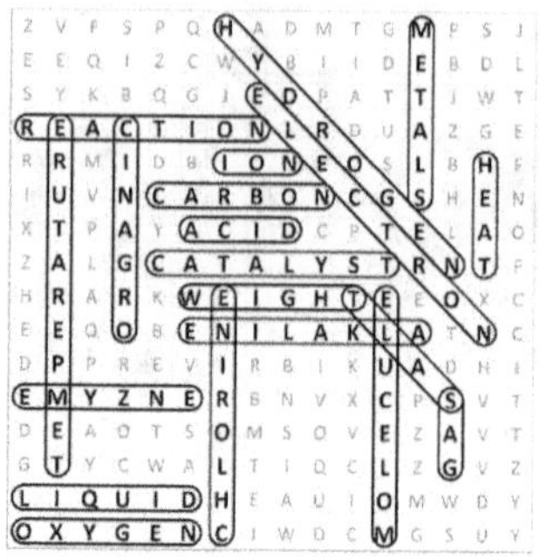

Woordenboek

Activiteiten
Activities

Activiteit	Activity
Ambachten	Crafts
Dansen	Dancing
Fotografie	Photography
Hengelsport	Fishing
Jacht	Hunting
Kamperen	Camping
Keramiek	Ceramics
Kunst	Art
Lezen	Reading
Magie	Magic
Naaien	Sewing
Ontspanning	Relaxation
Plezier	Pleasure
Puzzels	Puzzles
Schilderij	Painting
Tuinieren	Gardening
Vaardigheid	Skill
Vrije Tijd	Leisure
Wandelen	Hiking

Activiteiten en Vrije Ti
Activities and Leisure

Basketbal	Basketball
Boksen	Boxing
Duiken	Diving
Golf	Golf
Hengelsport	Fishing
Hobby	Hobbies
Honkbal	Baseball
Kamperen	Camping
Kunst	Art
Ontspannen	Relaxing
Racen	Racing
Reis	Travel
Schilderij	Painting
Surfen	Surfing
Tennis	Tennis
Tuinieren	Gardening
Voetbal	Soccer
Volleybal	Volleyball
Wandelen	Hiking
Zwemmen	Swimming

Agronomie
Agronomy

Duurzaam	Sustainable
Ecologie	Ecology
Energie	Energy
Erosie	Erosion
Groei	Growth
Groente	Vegetables
Landbouw	Agriculture
Landelijk	Rural
Mest	Fertilizer
Omgeving	Environment
Onderzoek	Research
Organisch	Organic
Productie	Production
Systemen	Systems
Vervuiling	Pollution
Voedsel	Food
Water	Water
Wetenschap	Science
Zaden	Seeds
Ziekten	Diseases

Algebra
Algebra

Aftrekken	Subtraction
Diagram	Diagram
Exponent	Exponent
Factor	Factor
Formule	Formula
Fractie	Fraction
Grafiek	Graph
Haakje	Parenthesis
Hoeveelheid	Quantity
Lineair	Linear
Matrix	Matrix
Nul	Zero
Oneindig	Infinite
Oplossing	Solution
Probleem	Problem
Som	Sum
Vals	False
Variabele	Variable
Vereenvoudigen	Simplify
Vergelijking	Equation

Antarctica
Antarctica

Baai	Bay
Behoud	Conservation
Continent	Continent
Eilanden	Islands
Expeditie	Expedition
Geografie	Geography
Gletsjers	Glaciers
Ijs	Ice
Migratie	Migration
Mineralen	Minerals
Omgeving	Environment
Onderzoeker	Researcher
Pinguïn	Penguins
Rotsachtig	Rocky
Schiereiland	Peninsula
Temperatuur	Temperature
Topografie	Topography
Water	Water
Wetenschappelijk	Scientific
Wolken	Clouds

Antiek
Antiques

Authentiek	Authentic
Beeldhouwwerk	Sculpture
Decoratief	Decorative
Eeuw	Century
Elegant	Elegant
Galerij	Gallery
Investering	Investment
Kunst	Art
Kwaliteit	Quality
Meubilair	Furniture
Munten	Coins
Ongewoon	Unusual
Oud	Old
Prijs	Price
Restauratie	Restoration
Schilderijen	Paintings
Stijl	Style
Veiling	Auction
Verzamelaar	Collector
Waarde	Value

Archeologie
Archeology

Analyse	Analysis
Beschaving	Civilization
Bevindingen	Findings
Botten	Bones
Deskundige	Expert
Evaluatie	Evaluation
Fossiel	Fossil
Fragmenten	Fragments
Graf	Tomb
Mysterie	Mystery
Nakomeling	Descendant
Objecten	Objects
Onbekend	Unknown
Onderzoeker	Researcher
Oudheid	Antiquity
Relikwie	Relic
Team	Team
Tempel	Temple
Tijdperk	Era
Vergeten	Forgotten

Astronomie
Astronomy

Aarde	Earth
Asteroïde	Asteroid
Astronaut	Astronaut
Astronoom	Astronomer
Equinox	Equinox
Komeet	Comet
Kosmos	Cosmos
Maan	Moon
Meteoor	Meteor
Nevel	Nebula
Observatorium	Observatory
Planeet	Planet
Raket	Rocket
Satelliet	Satellite
Ster	Star
Sterrenbeeld	Constellation
Straling	Radiation
Telescoop	Telescope
Universum	Universe
Zwaartekracht	Gravity

Avontuur
Adventure

Activiteit	Activity
Bestemming	Destination
Enthousiasme	Enthusiasm
Excursie	Excursion
Gevaarlijk	Dangerous
Kans	Chance
Moed	Bravery
Moeilijkheid	Difficulty
Natuur	Nature
Navigatie	Navigation
Nieuw	New
Ongewoon	Unusual
Reizen	Travels
Schoonheid	Beauty
Uitdagingen	Challenges
Veiligheid	Safety
Verrassend	Surprising
Voorbereiding	Preparation
Vreugde	Joy
Vrienden	Friends

Ballet
Ballet

Applaus	Applause
Artistiek	Artistic
Ballerina	Ballerina
Choreografie	Choreography
Componist	Composer
Dansers	Dancers
Expressief	Expressive
Gebaar	Gesture
Intensiteit	Intensity
Muziek	Music
Orkest	Orchestra
Praktijk	Practice
Publiek	Audience
Repetitie	Rehearsal
Ritme	Rhythm
Sierlijk	Graceful
Spieren	Muscles
Stijl	Style
Techniek	Technique
Vaardigheid	Skill

Barbecues
Barbecues

Diner	Dinner
Familie	Family
Fruit	Fruit
Grill	Grill
Groente	Vegetables
Heet	Hot
Honger	Hunger
Kip	Chicken
Lunch	Lunch
Messen	Knives
Muziek	Music
Peper	Pepper
Salades	Salads
Saus	Sauce
Tomaten	Tomatoes
Uien	Onions
Uitnodiging	Invitation
Vorken	Forks
Zomer	Summer
Zout	Salt

Behoud
Conservation

Chemicaliën	Chemicals
Duurzaam	Sustainable
Ecosysteem	Ecosystem
Fiets	Cycle
Gezondheid	Health
Groen	Green
Habitat	Habitat
Klimaat	Climate
Milieu	Environmental
Natuurlijk	Natural
Onderwijs	Education
Organisch	Organic
Pesticide	Pesticide
Recycleren	Recycle
Veranderingen	Changes
Verminderen	Reduce
Vervuiling	Pollution
Vrijwilliger	Volunteer
Water	Water
Zorg	Concern

Beroepen #1
Professions #1

Advocaat	Attorney
Ambassadeur	Ambassador
Apotheker	Pharmacist
Astronoom	Astronomer
Atleet	Athlete
Bankier	Banker
Cartograaf	Cartographer
Danser	Dancer
Dierenarts	Veterinarian
Dokter	Doctor
Editor	Editor
Geoloog	Geologist
Jager	Hunter
Juwelier	Jeweler
Loodgieter	Plumber
Muzikant	Musician
Pianist	Pianist
Psycholoog	Psychologist
Verpleegster	Nurse
Wetenschapper	Scientist

Beroepen #2
Professions #2

Arts	Physician
Astronaut	Astronaut
Bibliothecaris	Librarian
Bioloog	Biologist
Boer	Farmer
Chirurg	Surgeon
Detective	Detective
Filosoof	Philosopher
Fotograaf	Photographer
Illustrator	Illustrator
Ingenieur	Engineer
Journalist	Journalist
Leraar	Teacher
Linguïst	Linguist
Onderzoeker	Researcher
Piloot	Pilot
Schilder	Painter
Tandarts	Dentist
Tuinman	Gardener
Uitvinder	Inventor

Bijen
Bees

Bestuiver	Pollinator
Bijenkorf	Hive
Bloemen	Flowers
Bloesem	Blossom
Diversiteit	Diversity
Ecosysteem	Ecosystem
Fruit	Fruit
Habitat	Habitat
Honing	Honey
Insect	Insect
Koningin	Queen
Rook	Smoke
Stuifmeel	Pollen
Tuin	Garden
Vleugels	Wings
Voedsel	Food
Voordelig	Beneficial
Was	Wax
Zon	Sun
Zwerm	Swarm

Bijvoeglijke Naamwoorden
Adjectives #1

Aantrekkelijk	Attractive
Actief	Active
Ambitieus	Ambitious
Aromatisch	Aromatic
Artistiek	Artistic
Belangrijk	Important
Diep	Deep
Donker	Dark
Dun	Thin
Eerlijk	Honest
Exotisch	Exotic
Identiek	Identical
Jong	Young
Lang	Long
Langzaam	Slow
Modern	Modern
Onschuldig	Innocent
Perfect	Perfect
Waardevol	Valuable
Zwaar	Heavy

Bijvoeglijke Naamwoorden
Adjectives #2

Authentiek	Authentic
Begaafd	Gifted
Beschrijvend	Descriptive
Creatief	Creative
Dramatisch	Dramatic
Gezond	Healthy
Hongerig	Hungry
Interessant	Interesting
Moe	Tired
Natuurlijk	Natural
Nieuw	New
Normaal	Normal
Productief	Productive
Slaperig	Sleepy
Sterk	Strong
Trots	Proud
Verantwoordelijk	Responsible
Wild	Wild
Zout	Salty
Zuiver	Pure

Biologie
Biology

Ademhaling	Respiration
Anatomie	Anatomy
Bacteriën	Bacteria
Cel	Cell
Chromosoom	Chromosome
Collageen	Collagen
Eiwit	Protein
Embryo	Embryo
Enzym	Enzyme
Evolutie	Evolution
Hormoon	Hormone
Mutatie	Mutation
Natuurlijk	Natural
Neuron	Neuron
Osmose	Osmosis
Reptiel	Reptile
Symbiose	Symbiosis
Synaps	Synapse
Zenuw	Nerve
Zoogdier	Mammal

Bloemen
Flowers

Bloemblad	Petal
Boeket	Bouquet
Gardenia	Gardenia
Hibiscus	Hibiscus
Jasmijn	Jasmine
Klaver	Clover
Lavendel	Lavender
Lelie	Lily
Madeliefje	Daisy
Magnolia	Magnolia
Narcis	Daffodil
Orchidee	Orchid
Paardebloem	Dandelion
Papaver	Poppy
Passiebloem	Passionflower
Pioenroos	Peony
Plumeria	Plumeria
Roos	Rose
Tulp	Tulip
Zonnebloem	Sunflower

Boeken
Books

Auteur	Author
Avontuur	Adventure
Bladzijde	Page
Collectie	Collection
Context	Context
Dualiteit	Duality
Episch	Epic
Gedicht	Poem
Geschreven	Written
Historisch	Historical
Humoristisch	Humorous
Inventief	Inventive
Lezer	Reader
Literair	Literary
Poëzie	Poetry
Relevant	Relevant
Roman	Novel
Tragisch	Tragic
Verhaal	Story
Verteller	Narrator

Boerderij #1
Farm #1

Bij	Bee
Ezel	Donkey
Geit	Goat
Hek	Fence
Hond	Dog
Honing	Honey
Hooi	Hay
Kalf	Calf
Kat	Cat
Kip	Chicken
Koe	Cow
Kraai	Crow
Kudde	Flock
Landbouw	Agriculture
Mest	Fertilizer
Paard	Horse
Rijst	Rice
Veld	Field
Water	Water
Zaden	Seeds

Boerderij #2
Farm #2

Bijenkorf	Beehive
Boer	Farmer
Boomgaard	Orchard
Dieren	Animals
Eend	Duck
Fruit	Fruit
Gerst	Barley
Groente	Vegetable
Herder	Shepherd
Irrigatie	Irrigation
Lam	Lamb
Lama	Llama
Maïs	Corn
Melk	Milk
Schaap	Sheep
Schuur	Barn
Tarwe	Wheat
Tractor	Tractor
Weide	Meadow
Windmolen	Windmill

Boksen
Boxing

Elleboog	Elbow
Focus	Focus
Handschoenen	Gloves
Herstel	Recovery
Hoek	Corner
Kin	Chin
Klok	Bell
Kracht	Strength
Lichaam	Body
Punten	Points
Scheidsrechter	Referee
Schoppen	Kick
Snel	Quick
Tegenstander	Opponent
Touwen	Ropes
Uitgeput	Exhausted
Vaardigheid	Skill
Vechter	Fighter
Verwondingen	Injuries
Vuist	Fist

Boten
Boats

Anker	Anchor
Bemanning	Crew
Boei	Buoy
Dok	Dock
Golven	Waves
Jacht	Yacht
Kajak	Kayak
Kano	Canoe
Mast	Mast
Meer	Lake
Motor	Engine
Nautisch	Nautical
Oceaan	Ocean
Reddingsboot	Lifeboat
Rivier	River
Touw	Rope
Veerboot	Ferry
Vlot	Raft
Zee	Sea
Zeilboot	Sailboat

Camping
Camping

Avontuur	Adventure
Berg	Mountain
Bomen	Trees
Bos	Forest
Brand	Fire
Cabine	Cabin
Dieren	Animals
Hangmat	Hammock
Hoed	Hat
Insect	Insect
Jacht	Hunting
Kaart	Map
Kano	Canoe
Kompas	Compass
Lantaarn	Lantern
Maan	Moon
Meer	Lake
Natuur	Nature
Tent	Tent
Touw	Rope

Chemie
Chemistry

Alkalisch	Alkaline
Chloor	Chlorine
Elektron	Electron
Enzym	Enzyme
Gas	Gas
Gewicht	Weight
Ion	Ion
Katalysator	Catalyst
Koolstof	Carbon
Metalen	Metals
Molecuul	Molecule
Organisch	Organic
Reactie	Reaction
Temperatuur	Temperature
Vloeistof	Liquid
Warmte	Heat
Waterstof	Hydrogen
Zout	Salt
Zuur	Acid
Zuurstof	Oxygen

Chocolade
Chocolate

Antioxidant	Antioxidant
Aroma	Aroma
Bitter	Bitter
Cacao	Cacao
Calorieën	Calories
Exotisch	Exotic
Favoriet	Favorite
Heerlijk	Delicious
Ingrediënt	Ingredient
Karamel	Caramel
Kokosnoot	Coconut
Kwaliteit	Quality
Pinda'S	Peanuts
Poeder	Powder
Recept	Recipe
Smaak	Taste
Snoep	Candy
Suiker	Sugar
Verlangen	Craving
Zoet	Sweet

Creativiteit
Creativity

Artistiek	Artistic
Beeld	Image
Dramatisch	Dramatic
Echtheid	Authenticity
Emoties	Emotions
Gevoel	Sensation
Gevoelens	Feelings
Helderheid	Clarity
Indruk	Impression
Inspiratie	Inspiration
Intensiteit	Intensity
Intuïtie	Intuition
Inventief	Inventive
Spontaan	Spontaneous
Uitdrukking	Expression
Vaardigheid	Skill
Verbeelding	Imagination
Visioenen	Visions
Vitaliteit	Vitality
Vloeibaarheid	Fluidity

Dagen en Maanden
Days and Months

Augustus	August
Dinsdag	Tuesday
Donderdag	Thursday
Februari	February
Jaar	Year
Januari	January
Juli	July
Juni	June
Kalender	Calendar
Maand	Month
Maandag	Monday
Maart	March
November	November
Oktober	October
September	September
Vrijdag	Friday
Week	Week
Woensdag	Wednesday
Zaterdag	Saturday
Zondag	Sunday

Dans
Dance

Academie	Academy
Beweging	Movement
Blij	Joyful
Choreografie	Choreography
Cultureel	Cultural
Cultuur	Culture
Emotie	Emotion
Expressief	Expressive
Genade	Grace
Houding	Posture
Klassiek	Classical
Kunst	Art
Lichaam	Body
Muziek	Music
Partner	Partner
Repetitie	Rehearsal
Ritme	Rhythm
Springen	Jump
Traditioneel	Traditional
Visueel	Visual

De Media
The Media

Commercieel	Commercial
Communicatie	Communication
Digitaal	Digital
Editie	Edition
Feiten	Facts
Financiering	Funding
Houding	Attitudes
Individueel	Individual
Industrie	Industry
Intellectueel	Intellectual
Kranten	Newspapers
Lokaal	Local
Mening	Opinion
Netwerk	Network
Onderwijs	Education
Online	Online
Publiek	Public
Radio	Radio
Televisie	Television
Tijdschriften	Magazines

Diplomatie
Diplomacy

Adviseur	Adviser
Ambassade	Embassy
Ambassadeur	Ambassador
Burgers	Citizens
Conflict	Conflict
Diplomatiek	Diplomatic
Discussie	Discussion
Ethiek	Ethics
Gemeenschap	Community
Gerechtigheid	Justice
Humanitair	Humanitarian
Integriteit	Integrity
Oplossing	Solution
Politiek	Politics
Regering	Government
Resolutie	Resolution
Samenwerking	Cooperation
Talen	Languages
Veiligheid	Security
Verdrag	Treaty

Ecologie
Ecology

Bergen	Mountains
Diversiteit	Diversity
Droogte	Drought
Duurzaam	Sustainable
Fauna	Fauna
Flora	Flora
Gemeenschappen	Communities
Globaal	Global
Habitat	Habitat
Klimaat	Climate
Marinier	Marine
Moeras	Marsh
Natuur	Nature
Natuurlijk	Natural
Overleving	Survival
Planten	Plants
Soort	Species
Variëteit	Variety
Vegetatie	Vegetation
Vrijwilligers	Volunteers

Emoties
Emotions

Angst	Fear
Beschaamd	Embarrassed
Dankbaar	Grateful
Droefheid	Sadness
Gelukzaligheid	Bliss
Inhoud	Content
Kalm	Calm
Liefde	Love
Ontspannen	Relaxed
Opgewonden	Excited
Rust	Tranquility
Sympathie	Sympathy
Tederheid	Tenderness
Tevreden	Satisfied
Verrassing	Surprise
Verveling	Boredom
Vrede	Peace
Vreugde	Joy
Vriendelijkheid	Kindness
Woede	Anger

Energie
Energy

Accu	Battery
Benzine	Gasoline
Brandstof	Fuel
Diesel	Diesel
Elektrisch	Electric
Elektron	Electron
Entropie	Entropy
Foton	Photon
Hernieuwbaar	Renewable
Industrie	Industry
Koolstof	Carbon
Motor	Motor
Nucleair	Nuclear
Omgeving	Environment
Stoom	Steam
Turbine	Turbine
Vervuiling	Pollution
Warmte	Heat
Waterstof	Hydrogen
Wind	Wind

Engineering
Engineering

As	Axis
Berekening	Calculation
Beweging	Motion
Bouw	Construction
Diagram	Diagram
Diameter	Diameter
Diepte	Depth
Diesel	Diesel
Energie	Energy
Hoek	Angle
Kracht	Strength
Machine	Machine
Meting	Measurement
Motor	Motor
Rotatie	Rotation
Stabiliteit	Stability
Structuur	Structure
Vloeistof	Liquid
Voortstuwing	Propulsion
Wrijving	Friction

Eten #1
Food #1

Aardbei	Strawberry
Abrikoos	Apricot
Basilicum	Basil
Citroen	Lemon
Gerst	Barley
Kaneel	Cinnamon
Knoflook	Garlic
Melk	Milk
Peer	Pear
Pinda	Peanut
Salade	Salad
Sap	Juice
Soep	Soup
Spinazie	Spinach
Suiker	Sugar
Tonijn	Tuna
Ui	Onion
Vlees	Meat
Wortel	Carrot
Zout	Salt

Eten #2
Food #2

Amandel	Almond
Ananas	Pineapple
Appel	Apple
Asperge	Asparagus
Aubergine	Eggplant
Banaan	Banana
Broccoli	Broccoli
Brood	Bread
Druif	Grape
Ei	Egg
Ham	Ham
Kaas	Cheese
Kip	Chicken
Kiwi	Kiwi
Perzik	Peach
Rijst	Rice
Tarwe	Wheat
Tomaat	Tomato
Vis	Fish
Yoghurt	Yogurt

Ethiek
Ethics

Altruïsme	Altruism
Diplomatiek	Diplomatic
Eerbiedig	Respectful
Eerlijkheid	Honesty
Filosofie	Philosophy
Geduld	Patience
Individualisme	Individualism
Integriteit	Integrity
Mededogen	Compassion
Mensheid	Humanity
Optimisme	Optimism
Rationaliteit	Rationality
Realisme	Realism
Redelijk	Reasonable
Samenwerking	Cooperation
Tolerantie	Tolerance
Vriendelijkheid	Kindness
Waarden	Values
Waardigheid	Dignity
Wijsheid	Wisdom

Familie
Family

Broer	Brother
Dochter	Daughter
Grootmoeder	Grandmother
Jeugd	Childhood
Kind	Child
Kinderen	Children
Kleinkind	Grandchild
Kleinzoon	Grandson
Man	Husband
Moeder	Mother
Neef	Nephew
Nicht	Niece
Oom	Uncle
Opa	Grandfather
Tante	Aunt
Vader	Father
Vaderlijk	Paternal
Voorouder	Ancestor
Vrouw	Wife
Zus	Sister

Fruit
Fruit

Abrikoos	Apricot
Ananas	Pineapple
Appel	Apple
Avocado	Avocado
Banaan	Banana
Bes	Berry
Citroen	Lemon
Druif	Grape
Framboos	Raspberry
Kers	Cherry
Kiwi	Kiwi
Kokosnoot	Coconut
Mango	Mango
Meloen	Melon
Nectarine	Nectarine
Oranje	Orange
Papaja	Papaya
Peer	Pear
Perzik	Peach
Pruim	Plum

Gebouwen
Buildings

Ambassade	Embassy
Appartement	Apartment
Bioscoop	Cinema
Boerderij	Farm
Cabine	Cabin
Fabriek	Factory
Hotel	Hotel
Kasteel	Castle
Laboratorium	Laboratory
Museum	Museum
Observatorium	Observatory
School	School
Schuur	Barn
Stadion	Stadium
Supermarkt	Supermarket
Tent	Tent
Theater	Theater
Toren	Tower
Universiteit	University
Ziekenhuis	Hospital

Geografie
Geography

Atlas	Atlas
Berg	Mountain
Breedtegraad	Latitude
Continent	Continent
Eiland	Island
Evenaar	Equator
Halfrond	Hemisphere
Hoogte	Altitude
Kaart	Map
Land	Country
Meridiaan	Meridian
Noorden	North
Oceaan	Ocean
Regio	Region
Rivier	River
Stad	City
Wereld	World
Westen	West
Zee	Sea
Zuiden	South

Geologie
Geology

Aardbeving	Earthquake
Calcium	Calcium
Continent	Continent
Erosie	Erosion
Fossiel	Fossil
Geiser	Geyser
Gesmolten	Molten
Grot	Cavern
Koraal	Coral
Kristallen	Crystals
Kwarts	Quartz
Laag	Layer
Lava	Lava
Plateau	Plateau
Stalactiet	Stalactite
Steen	Stone
Vulkaan	Volcano
Zone	Zone
Zout	Salt
Zuur	Acid

Geometrie
Geometry

Berekening	Calculation
Cirkel	Circle
Curve	Curve
Diameter	Diameter
Dimensie	Dimension
Driehoek	Triangle
Hoek	Angle
Hoogte	Height
Horizontaal	Horizontal
Logica	Logic
Loodrecht	Perpendicular
Massa	Mass
Mediaan	Median
Oppervlak	Surface
Parallel	Parallel
Segment	Segment
Symmetrie	Symmetry
Theorie	Theory
Vergelijking	Equation
Verticaal	Vertical

Getallen
Numbers

Acht	Eight
Achttien	Eighteen
Dertien	Thirteen
Drie	Three
Een	One
Negen	Nine
Negentien	Nineteen
Nul	Zero
Tien	Ten
Twaalf	Twelve
Twee	Two
Twintig	Twenty
Veertien	Fourteen
Vier	Four
Vijf	Five
Vijftien	Fifteen
Zes	Six
Zestien	Sixteen
Zeven	Seven
Zeventien	Seventeen

Gezondheid en Welzijn #1
Health and Wellness #1

Actief	Active
Apotheek	Pharmacy
Bacteriën	Bacteria
Behandeling	Treatment
Breuk	Fracture
Dokter	Doctor
Gewoonte	Habit
Honger	Hunger
Hoogte	Height
Hormonen	Hormones
Huid	Skin
Kliniek	Clinic
Letsel	Injury
Medicijn	Medicine
Ontspanning	Relaxation
Reflex	Reflex
Spieren	Muscles
Therapie	Therapy
Virus	Virus
Zenuwen	Nerves

Gezondheid en Welzijn #2
Health and Wellness #2

Allergie	Allergy
Anatomie	Anatomy
Bloed	Blood
Calorie	Calorie
Dieet	Diet
Energie	Energy
Genetica	Genetics
Gewicht	Weight
Gezond	Healthy
Herstel	Recovery
Hygiëne	Hygiene
Infectie	Infection
Lichaam	Body
Massage	Massage
Spijsvertering	Digestion
Stress	Stress
Vitamine	Vitamin
Voeding	Nutrition
Ziekenhuis	Hospital
Ziekte	Disease

Haartypes

Hair Types

Blond	Blond
Bruin	Brown
Dik	Thick
Droog	Dry
Dun	Thin
Gekleurd	Colored
Gevlochten	Braided
Gezond	Healthy
Golvend	Wavy
Grijs	Gray
Hoofdhuid	Scalp
Kaal	Bald
Kort	Short
Krullen	Curls
Krullend	Curly
Lang	Long
Wit	White
Zacht	Soft
Zilver	Silver
Zwart	Black

Herbalisme

Herbalism

Aromatisch	Aromatic
Basilicum	Basil
Bloem	Flower
Culinair	Culinary
Dille	Dill
Dragon	Tarragon
Groen	Green
Ingrediënt	Ingredient
Knoflook	Garlic
Kwaliteit	Quality
Lavendel	Lavender
Marjolein	Marjoram
Oregano	Oregano
Peterselie	Parsley
Rozemarijn	Rosemary
Saffraan	Saffron
Smaak	Flavor
Tijm	Thyme
Tuin	Garden
Venkel	Fennel

Het Bedrijf

The Company

Beslissing	Decision
Creatief	Creative
Eenheden	Units
Globaal	Global
Industrie	Industry
Inkomsten	Revenue
Innovatief	Innovative
Investering	Investment
Kwaliteit	Quality
Loon	Wages
Mogelijkheid	Possibility
Presentatie	Presentation
Product	Product
Professioneel	Professional
Reputatie	Reputation
Risico'S	Risks
Trends	Trends
Vooruitgang	Progress
Werkgelegenheid	Employment
Zaak	Business

Huis

House

Bezem	Broom
Bibliotheek	Library
Dak	Roof
Deur	Door
Douche	Shower
Garage	Garage
Haard	Fireplace
Hek	Fence
Kamer	Room
Kelder	Basement
Keuken	Kitchen
Lamp	Lamp
Meubilair	Furniture
Muur	Wall
Plafond	Ceiling
Schoorsteen	Chimney
Slaapkamer	Bedroom
Spiegel	Mirror
Tapijt	Rug
Tuin	Garden

Installaties

Plants

Bamboe	Bamboo
Bes	Berry
Blad	Leaf
Bloem	Flower
Boom	Tree
Boon	Bean
Bos	Forest
Cactus	Cactus
Flora	Flora
Gebladerte	Foliage
Gras	Grass
Klimop	Ivy
Kruid	Herb
Mest	Fertilizer
Mos	Moss
Plantkunde	Botany
Struik	Bush
Tuin	Garden
Vegetatie	Vegetation
Wortel	Root

Jazz

Jazz

Album	Album
Applaus	Applause
Artiest	Artist
Beroemd	Famous
Componist	Composer
Concert	Concert
Favorieten	Favorites
Genre	Genre
Improvisatie	Improvisation
Lied	Song
Muziek	Music
Nadruk	Emphasis
Nieuw	New
Orkest	Orchestra
Oud	Old
Ritme	Rhythm
Samenstelling	Composition
Stijl	Style
Talent	Talent
Techniek	Technique

Keuken
Kitchen

Cup	Cups
Eetstokjes	Chopsticks
Grill	Grill
Ketel	Kettle
Koelkast	Refrigerator
Kom	Bowl
Kruik	Jug
Lepels	Spoons
Messen	Knives
Oven	Oven
Pollepel	Ladle
Pot	Jar
Recept	Recipe
Schort	Apron
Servet	Napkin
Specerijen	Spices
Spons	Sponge
Voedsel	Food
Vorken	Forks
Vriezer	Freezer

Kleding
Clothes

Armband	Bracelet
Blouse	Blouse
Broek	Pants
Handschoenen	Gloves
Hoed	Hat
Jas	Coat
Jasje	Jacket
Jurk	Dress
Ketting	Necklace
Mode	Fashion
Pyjama	Pajamas
Riem	Belt
Rok	Skirt
Sandalen	Sandals
Schoen	Shoe
Schort	Apron
Shirt	Shirt
Sjaal	Scarf
Sokken	Socks
Trui	Sweater

Koffie
Coffee

Aroma	Aroma
Beker	Cup
Bitter	Bitter
Cafeïne	Caffeine
Drank	Beverage
Filter	Filter
Geroosterd	Roasted
Malen	Grind
Melk	Milk
Ochtend	Morning
Oorsprong	Origin
Prijs	Price
Room	Cream
Smaak	Flavor
Suiker	Sugar
Variëteit	Variety
Vloeistof	Liquid
Water	Water
Zuur	Acidic
Zwart	Black

Kracht en Zwaartekracht
Force and Gravity

Afstand	Distance
As	Axis
Baan	Orbit
Beweging	Motion
Centrum	Center
Druk	Pressure
Dynamisch	Dynamic
Eigendommen	Properties
Gewicht	Weight
Impact	Impact
Magnetisme	Magnetism
Mechanica	Mechanics
Natuurkunde	Physics
Ontdekking	Discovery
Planeten	Planets
Snelheid	Speed
Tijd	Time
Uitbreiding	Expansion
Universeel	Universal
Wrijving	Friction

Kunst
Art

Beeldhouwwerk	Sculpture
Complex	Complex
Creëren	Create
Eenvoudig	Simple
Eerlijk	Honest
Figuur	Figure
Geïnspireerd	Inspired
Humeur	Mood
Keramisch	Ceramic
Onderwerp	Subject
Origineel	Original
Persoonlijk	Personal
Poëzie	Poetry
Portretteren	Portray
Samenstelling	Composition
Schilderijen	Paintings
Surrealisme	Surrealism
Symbool	Symbol
Uitdrukking	Expression
Visueel	Visual

Kunstbenodigdheden
Art Supplies

Acryl	Acrylic
Aquarellen	Watercolors
Borstels	Brushes
Camera	Camera
Creativiteit	Creativity
Ezel	Easel
Gom	Eraser
Houtskool	Charcoal
Inkt	Ink
Klei	Clay
Kleuren	Colors
Lijm	Glue
Olie	Oil
Papier	Paper
Pastel	Pastels
Potloden	Pencils
Stoel	Chair
Tafel	Table
Verf	Paints
Water	Water

Landen #1
Countries #1

België	Belgium
Brazilië	Brazil
Cambodja	Cambodia
Canada	Canada
Chili	Chile
Duitsland	Germany
Egypte	Egypt
Irak	Iraq
Israël	Israel
Italië	Italy
Letland	Latvia
Libië	Libya
Marokko	Morocco
Nicaragua	Nicaragua
Noorwegen	Norway
Panama	Panama
Polen	Poland
Roemenië	Romania
Senegal	Senegal
Spanje	Spain

Landen #2
Countries #2

Denemarken	Denmark
Ethiopië	Ethiopia
Frankrijk	France
Griekenland	Greece
Ierland	Ireland
Indonesië	Indonesia
Japan	Japan
Kenia	Kenya
Laos	Laos
Libanon	Lebanon
Liberia	Liberia
Maleisië	Malaysia
Mexico	Mexico
Nepal	Nepal
Nigeria	Nigeria
Oeganda	Uganda
Oekraïne	Ukraine
Rusland	Russia
Somalië	Somalia
Syrië	Syria

Landschappen
Landscapes

Berg	Mountain
Eiland	Island
Geiser	Geyser
Gletsjer	Glacier
Grot	Cave
Heuvel	Hill
Ijsberg	Iceberg
Meer	Lake
Moeras	Swamp
Oase	Oasis
Oceaan	Ocean
Rivier	River
Schiereiland	Peninsula
Strand	Beach
Toendra	Tundra
Vallei	Valley
Vulkaan	Volcano
Waterval	Waterfall
Woestijn	Desert
Zee	Sea

Literatuur
Literature

Analogie	Analogy
Analyse	Analysis
Anekdote	Anecdote
Auteur	Author
Biografie	Biography
Conclusie	Conclusion
Dialoog	Dialogue
Fictie	Fiction
Gedicht	Poem
Mening	Opinion
Metafoor	Metaphor
Poëtisch	Poetic
Rijm	Rhyme
Ritme	Rhythm
Roman	Novel
Stijl	Style
Thema	Theme
Tragedie	Tragedy
Vergelijking	Comparison
Verteller	Narrator

Meditatie
Meditation

Aandacht	Attention
Aanvaarding	Acceptance
Ademhaling	Breathing
Beweging	Movement
Dankbaarheid	Gratitude
Emoties	Emotions
Gedachten	Thoughts
Geluk	Happiness
Helderheid	Clarity
Houding	Posture
Mededogen	Compassion
Mentaal	Mental
Muziek	Music
Natuur	Nature
Observatie	Observation
Perspectief	Perspective
Stilte	Silence
Vrede	Peace
Vriendelijkheid	Kindness
Wakker	Awake

Meer Informatie
Science Fiction

Bioscoop	Cinema
Boeken	Books
Brand	Fire
Denkbeeldig	Imaginary
Dystopie	Dystopia
Explosie	Explosion
Extreem	Extreme
Fantastisch	Fantastic
Futuristisch	Futuristic
Illusie	Illusion
Mysterieus	Mysterious
Orakel	Oracle
Planeet	Planet
Realistisch	Realistic
Robots	Robots
Scenario	Scenario
Sterrenstelsel	Galaxy
Technologie	Technology
Utopie	Utopia
Wereld	World

Menselijk Lichaam
Human Body

Been	Leg
Bloed	Blood
Elleboog	Elbow
Enkel	Ankle
Hand	Hand
Hart	Heart
Hersenen	Brain
Hoofd	Head
Huid	Skin
Kaak	Jaw
Kin	Chin
Knie	Knee
Maag	Stomach
Mond	Mouth
Nek	Neck
Neus	Nose
Oor	Ear
Schouder	Shoulder
Tong	Tongue
Vinger	Finger

Metingen
Measurements

Breedte	Width
Byte	Byte
Centimeter	Centimeter
Decimaal	Decimal
Diepte	Depth
Gewicht	Weight
Gram	Gram
Hoogte	Height
Inch	Inch
Kilogram	Kilogram
Kilometer	Kilometer
Lengte	Length
Liter	Liter
Massa	Mass
Meter	Meter
Minuut	Minute
Ons	Ounce
Pint	Pint
Ton	Ton
Volume	Volume

Mode
Fashion

Bescheiden	Modest
Betaalbaar	Affordable
Borduurwerk	Embroidery
Comfortabel	Comfortable
Duur	Expensive
Eenvoudig	Simple
Elegant	Elegant
Kant	Lace
Kleding	Clothing
Knop	Buttons
Minimalistisch	Minimalist
Modern	Modern
Origineel	Original
Patroon	Pattern
Praktisch	Practical
Stijl	Style
Stof	Fabric
Textuur	Texture
Trend	Trend
Winkel	Boutique

Muziek
Music

Album	Album
Ballade	Ballad
Harmonie	Harmony
Improviseren	Improvise
Instrument	Instrument
Klassiek	Classical
Koor	Chorus
Lyrisch	Lyrical
Melodie	Melody
Microfoon	Microphone
Muzikaal	Musical
Muzikant	Musician
Opera	Opera
Opname	Recording
Poëtisch	Poetic
Ritme	Rhythm
Ritmisch	Rhythmic
Tempo	Tempo
Zanger	Singer
Zingen	Sing

Muziekinstrumenten
Musical Instruments

Banjo	Banjo
Cello	Cello
Fagot	Bassoon
Fluit	Flute
Gitaar	Guitar
Gong	Gong
Harp	Harp
Hobo	Oboe
Klarinet	Clarinet
Mandoline	Mandolin
Marimba	Marimba
Mondharmonica	Harmonica
Percussie	Percussion
Piano	Piano
Saxofoon	Saxophone
Tamboerijn	Tambourine
Trombone	Trombone
Trommel	Drum
Trompet	Trumpet
Viool	Violin

Mythologie
Mythology

Archetype	Archetype
Bliksem	Lightning
Creatie	Creation
Cultuur	Culture
Donder	Thunder
Doolhof	Labyrinth
Gedrag	Behavior
Held	Hero
Heldin	Heroine
Hemel	Heaven
Jaloezie	Jealousy
Kracht	Strength
Krijger	Warrior
Legende	Legend
Monster	Monster
Onsterfelijkheid	Immortality
Ramp	Disaster
Sterfelijk	Mortal
Wezen	Creature
Wraak	Revenge

Natuur
Nature

Arctisch	Arctic
Bijen	Bees
Bos	Forest
Dieren	Animals
Dynamisch	Dynamic
Erosie	Erosion
Gebladerte	Foliage
Gletsjer	Glacier
Heiligdom	Sanctuary
Klippen	Cliffs
Mist	Fog
Rivier	River
Schoonheid	Beauty
Schuilplaats	Shelter
Sereen	Serene
Tropisch	Tropical
Vitaal	Vital
Wild	Wild
Woestijn	Desert
Wolken	Clouds

Natuurkunde
Physics

Atoom	Atom
Chaos	Chaos
Chemisch	Chemical
Deeltje	Particle
Dichtheid	Density
Elektron	Electron
Experiment	Experiment
Formule	Formula
Frequentie	Frequency
Gas	Gas
Magnetisme	Magnetism
Massa	Mass
Mechanica	Mechanics
Molecuul	Molecule
Motor	Engine
Relativiteit	Relativity
Snelheid	Velocity
Universeel	Universal
Versnelling	Acceleration
Zwaartekracht	Gravity

Oceaan
Ocean

Aal	Eel
Algen	Algae
Boot	Boat
Dolfijn	Dolphin
Garnaal	Shrimp
Getijden	Tides
Haai	Shark
Koraal	Coral
Krab	Crab
Kwal	Jellyfish
Octopus	Octopus
Oester	Oyster
Rif	Reef
Schildpad	Turtle
Spons	Sponge
Storm	Storm
Tonijn	Tuna
Vis	Fish
Walvis	Whale
Zout	Salt

Opwarming van de Aarde
Global Warming

Aandacht	Attention
Arctisch	Arctic
Crisis	Crisis
Energie	Energy
Gas	Gas
Gegevens	Data
Generaties	Generations
Gevolgen	Consequences
Industrie	Industry
Internationaal	International
Klimaat	Climate
Milieu	Environmental
Nu	Now
Ontwikkeling	Development
Regering	Government
Temperaturen	Temperatures
Toekomst	Future
Veranderingen	Changes
Wetenschapper	Scientist
Wetgeving	Legislation

Overheid
Government

Burgerschap	Citizenship
Civiel	Civil
Democratie	Democracy
Discussie	Discussion
Gelijkheid	Equality
Gerechtelijk	Judicial
Gerechtigheid	Justice
Grondwet	Constitution
Leider	Leader
Monument	Monument
Natie	Nation
Nationaal	National
Politiek	Politics
Rechten	Rights
Staat	State
Symbool	Symbol
Toespraak	Speech
Vrijheid	Liberty
Wet	Law
Wijk	District

Psychologie
Psychology

Afspraak	Appointment
Beoordeling	Assessment
Bewusteloos	Unconscious
Cognitie	Cognition
Conflict	Conflict
Dromen	Dreams
Ego	Ego
Emoties	Emotions
Ervaringen	Experiences
Gedachten	Thoughts
Gedrag	Behavior
Gevoel	Sensation
Invloed	Influences
Jeugd	Childhood
Klinisch	Clinical
Perceptie	Perception
Persoonlijkheid	Personality
Probleem	Problem
Realiteit	Reality
Therapie	Therapy

Regenwoud
Rainforest

Amfibieën	Amphibians
Behoud	Preservation
Botanisch	Botanical
Diversiteit	Diversity
Gemeenschap	Community
Inheems	Indigenous
Insecten	Insects
Jungle	Jungle
Klimaat	Climate
Mos	Moss
Natuur	Nature
Overleving	Survival
Respect	Respect
Restauratie	Restoration
Soort	Species
Toevlucht	Refuge
Vogels	Birds
Waardevol	Valuable
Wolken	Clouds
Zoogdieren	Mammals

Restaurant #1
Restaurant #1

Allergie	Allergy
Bord	Plate
Brood	Bread
Eten	To Eat
Ingrediënten	Ingredients
Kassier	Cashier
Keuken	Kitchen
Kip	Chicken
Koffie	Coffee
Kom	Bowl
Menu	Menu
Mes	Knife
Pittig	Spicy
Reservering	Reservation
Saus	Sauce
Serveerster	Waitress
Servet	Napkin
Toetje	Dessert
Vlees	Meat
Voedsel	Food

Restaurant #2
Restaurant #2

Cake	Cake
Diner	Dinner
Drank	Beverage
Eieren	Eggs
Fruit	Fruit
Groente	Vegetables
Heerlijk	Delicious
Ijs	Ice
Lepel	Spoon
Lunch	Lunch
Noedels	Noodles
Ober	Waiter
Salade	Salad
Soep	Soup
Specerijen	Spices
Stoel	Chair
Vis	Fish
Vork	Fork
Water	Water
Zout	Salt

Rijden
Driving

Auto	Car
Brandstof	Fuel
Garage	Garage
Gas	Gas
Gevaar	Danger
Kaart	Map
Licentie	License
Motor	Motor
Motorfiets	Motorcycle
Ongeluk	Accident
Politie	Police
Remmen	Brakes
Snelheid	Speed
Straat	Street
Tunnel	Tunnel
Veiligheid	Safety
Verkeer	Traffic
Voetganger	Pedestrian
Vrachtauto	Truck
Weg	Road

Schaken
Chess

Diagonaal	Diagonal
Kampioen	Champion
Koning	King
Koningin	Queen
Leren	To Learn
Offer	Sacrifice
Passief	Passive
Punten	Points
Reglement	Rules
Slim	Clever
Spel	Game
Speler	Player
Strategie	Strategy
Tegenstander	Opponent
Tijd	Time
Toernooi	Tournament
Uitdagingen	Challenges
Wedstrijd	Contest
Wit	White
Zwart	Black

Schoonheid
Beauty

Charme	Charm
Cosmetica	Cosmetics
Diensten	Services
Elegant	Elegant
Elegantie	Elegance
Fotogeniek	Photogenic
Genade	Grace
Geur	Fragrance
Glad	Smooth
Huid	Skin
Kleur	Color
Krullen	Curls
Lippenstift	Lipstick
Mascara	Mascara
Producten	Products
Schaar	Scissors
Shampoo	Shampoo
Spiegel	Mirror
Stilist	Stylist
Verzinnen	Makeup

Specerijen
Spices

Anijs	Anise
Bitter	Bitter
Fenegriek	Fenugreek
Gember	Ginger
Kaneel	Cinnamon
Kardemom	Cardamom
Kerrie	Curry
Knoflook	Garlic
Komijn	Cumin
Koriander	Coriander
Kruidnagel	Clove
Nootmuskaat	Nutmeg
Paprika	Paprika
Saffraan	Saffron
Smaak	Flavor
Ui	Onion
Vanille	Vanilla
Venkel	Fennel
Zoet	Sweet
Zout	Salt

Stad
Town

Apotheek	Pharmacy
Bakkerij	Bakery
Bank	Bank
Bibliotheek	Library
Bioscoop	Cinema
Bloemist	Florist
Boekhandel	Bookstore
Dierentuin	Zoo
Galerij	Gallery
Hotel	Hotel
Kliniek	Clinic
Luchthaven	Airport
Markt	Market
Museum	Museum
School	School
Stadion	Stadium
Supermarkt	Supermarket
Theater	Theater
Universiteit	University
Winkel	Store

Tijd
Time

Dag	Day
Decennium	Decade
Eeuw	Century
Gisteren	Yesterday
Jaar	Year
Jaarlijks	Annual
Kalender	Calendar
Klok	Clock
Maand	Month
Middag	Noon
Minuut	Minute
Na	After
Nacht	Night
Nu	Now
Ochtend	Morning
Toekomst	Future
Uur	Hour
Vandaag	Today
Vroeg	Early
Week	Week

Tuin
Garden

Bank	Bench
Bloem	Flower
Boom	Tree
Boomgaard	Orchard
Garage	Garage
Gazon	Lawn
Gras	Grass
Hangmat	Hammock
Hark	Rake
Hek	Fence
Onkruid	Weeds
Rotsen	Rocks
Schop	Shovel
Slang	Hose
Struik	Bush
Terras	Terrace
Trampoline	Trampoline
Tuin	Garden
Vijver	Pond
Wijnstok	Vine

Tuinieren
Gardening

Blad	Leaf
Bloemen	Floral
Bloesem	Blossom
Bodem	Soil
Boeket	Bouquet
Boomgaard	Orchard
Botanisch	Botanical
Compost	Compost
Container	Container
Eetbaar	Edible
Exotisch	Exotic
Gebladerte	Foliage
Klimaat	Climate
Seizoensgebonden	Seasonal
Slang	Hose
Soort	Species
Vocht	Moisture
Vuil	Dirt
Water	Water
Zaden	Seeds

Vliegtuigen
Airplanes

Afdaling	Descent
Atmosfeer	Atmosphere
Avontuur	Adventure
Ballon	Balloon
Bemanning	Crew
Bouw	Construction
Brandstof	Fuel
Geschiedenis	History
Hemel	Sky
Hoogte	Height
Landen	Landing
Lucht	Air
Motor	Engine
Navigeren	Navigate
Ontwerp	Design
Passagier	Passenger
Piloot	Pilot
Richting	Direction
Turbulentie	Turbulence
Waterstof	Hydrogen

Voeding
Nutrition

Bitter	Bitter
Calorieën	Calories
Dieet	Diet
Eetbaar	Edible
Eetlust	Appetite
Eiwitten	Proteins
Evenwichtig	Balanced
Fermentatie	Fermentation
Gewicht	Weight
Gezond	Healthy
Gezondheid	Health
Koolhydraten	Carbohydrates
Kwaliteit	Quality
Saus	Sauce
Smaak	Flavor
Spijsvertering	Digestion
Toxine	Toxin
Vitamine	Vitamin
Vloeistoffen	Liquids
Voedingsstof	Nutrient

Vogels
Birds

Duif	Pigeon
Eend	Duck
Ei	Egg
Flamingo	Flamingo
Gans	Goose
Kip	Chicken
Koekoek	Cuckoo
Kraai	Crow
Meeuw	Gull
Mus	Sparrow
Ooievaar	Stork
Papegaai	Parrot
Pauw	Peacock
Pelikaan	Pelican
Pinguïn	Penguin
Reiger	Heron
Struisvogel	Ostrich
Toekan	Toucan
Uil	Owl
Zwaan	Swan

Vormen
Shapes

Bol	Sphere
Boog	Arc
Cilinder	Cylinder
Cirkel	Circle
Curve	Curve
Driehoek	Triangle
Hoek	Corner
Hyperbool	Hyperbola
Kant	Side
Kegel	Cone
Kubus	Cube
Lijn	Line
Ovaal	Oval
Piramide	Pyramid
Prisma	Prism
Randen	Edges
Rechthoek	Rectangle
Ronde	Round
Veelhoek	Polygon
Vierkant	Square

Wandelen
Hiking

Berg	Mountain
Dieren	Animals
Gevaren	Hazards
Kaart	Map
Kamperen	Camping
Klif	Cliff
Klimaat	Climate
Laarzen	Boots
Moe	Tired
Muggen	Mosquitoes
Natuur	Nature
Oriëntatie	Orientation
Parken	Parks
Stenen	Stones
Top	Summit
Voorbereiding	Preparation
Water	Water
Wild	Wild
Zon	Sun
Zwaar	Heavy

Wetenschap
Science

Atoom	Atom
Chemisch	Chemical
Deeltjes	Particles
Evolutie	Evolution
Experiment	Experiment
Feit	Fact
Fossiel	Fossil
Gegevens	Data
Hypothese	Hypothesis
Klimaat	Climate
Laboratorium	Laboratory
Methode	Method
Mineralen	Minerals
Moleculen	Molecules
Natuur	Nature
Natuurkunde	Physics
Observatie	Observation
Organisme	Organism
Wetenschapper	Scientist
Zwaartekracht	Gravity

Wetenschappelijke Discip
Scientific Disciplines

Anatomie	Anatomy
Archeologie	Archaeology
Astronomie	Astronomy
Biochemie	Biochemistry
Biologie	Biology
Chemie	Chemistry
Ecologie	Ecology
Fysiologie	Physiology
Geologie	Geology
Immunologie	Immunology
Mechanica	Mechanics
Meteorologie	Meteorology
Mineralogie	Mineralogy
Neurologie	Neurology
Plantkunde	Botany
Psychologie	Psychology
Robotica	Robotics
Sociologie	Sociology
Voeding	Nutrition
Zoölogie	Zoology

Wiskunde
Math

Decimaal	Decimal
Diameter	Diameter
Divisie	Division
Driehoek	Triangle
Exponent	Exponent
Fractie	Fraction
Geometrie	Geometry
Hoeken	Angles
Loodrecht	Perpendicular
Omtrek	Circumference
Parallel	Parallel
Parallellogram	Parallelogram
Rechthoek	Rectangle
Rekenkundig	Arithmetic
Som	Sum
Symmetrie	Symmetry
Veelhoek	Polygon
Vergelijking	Equation
Vierkant	Square
Volume	Volume

Zakelijk
Business

Bedrijf	Company
Begroting	Budget
Belastingen	Taxes
Carrière	Career
Economie	Economics
Fabriek	Factory
Financiën	Finance
Geld	Money
Inkomen	Income
Investering	Investment
Kantoor	Office
Korting	Discount
Kosten	Cost
Transactie	Transaction
Valuta	Currency
Verkoop	Sale
Werkgever	Employer
Werknemer	Employee
Winkel	Shop
Winst	Profit

Ziekte
Disease

Ademhaling	Respiratory
Allergieën	Allergies
Bacterieel	Bacterial
Besmettelijk	Contagious
Botten	Bones
Buik	Abdominal
Chronisch	Chronic
Erfelijk	Hereditary
Genetisch	Genetic
Genezing	Healing
Gezondheid	Health
Hart	Heart
Immuniteit	Immunity
Lichaam	Body
Neuropathie	Neuropathy
Ontsteking	Inflammation
Sinus	Sinus
Syndroom	Syndrome
Therapie	Therapy
Zwak	Weak

Zoogdieren
Mammals

Aap	Monkey
Bever	Beaver
Coyote	Coyote
Dolfijn	Dolphin
Ezel	Donkey
Geit	Goat
Giraf	Giraffe
Gorilla	Gorilla
Hond	Dog
Kameel	Camel
Kangoeroe	Kangaroo
Kat	Cat
Konijn	Rabbit
Leeuw	Lion
Olifant	Elephant
Paard	Horse
Stier	Bull
Vos	Fox
Walvis	Whale
Wolf	Wolf

Gefeliciteerd

Je hebt het gehaald!

We hopen dat u net zoveel plezier beleeft aan dit boek als wij aan het maken ervan. We doen ons best om spellen van hoge kwaliteit te maken.
Deze puzzels zijn op een slimme manier ontworpen zodat je actief kunt leren terwijl je plezier hebt!

Vond je ze mooi?

Een Eenvoudig Verzoek

Onze boeken bestaan dankzij de recensies die zij publiceren.
Kunt u ons helpen door nu een mening achter te laten ?

Hier is een korte link die u naar uw
bestellingen beoordelingspagina.

BestBooksActivity.com/Recensie50

FINAAL UITDAGING!

Uitdaging nr. 1

Klaar voor uw bonusspel? We gebruiken ze de hele tijd, maar ze zijn niet zo gemakkelijk te vinden. Hier zijn **Synoniemen!**

Noteer 5 woorden die je ontdekt hebt in elk van de onderstaande puzzels (nr. 21, nr. 36, nr. 76) en probeer voor elk woord 2 synoniemen te vinden.

*Notitie 5 Woorden uit **Puzzle 21***

Woorden	Synoniem 1	Synoniem 2

*Notitie 5 Woorden uit **Puzzle 36***

Woorden	Synoniem 1	Synoniem 2

*Notitie 5 Woorden uit **Puzzle 76***

Woorden	Synoniem 1	Synoniem 2

Uitdaging nr. 2

Nu je opgewarmd bent, noteer 5 woorden die je ontdekt hebt in elke hieronder genoteerde puzzel (nr. 9, nr. 17, nr. 25) en probeer voor elk woord 2 antoniemen te vinden. Hoeveel regels kan je doen in 20 minuten?

Notitie 5 Woorden uit ***Puzzle 9***

Woorden	Antoniem 1	Antoniem 2

Notitie 5 Woorden uit ***Puzzle 17***

Woorden	Antoniem 1	Antoniem 2

Notitie 5 Woorden uit ***Puzzle 25***

Woorden	Antoniem 1	Antoniem 2

Uitdaging nr. 3

Prachtig, deze finaal uitdaging  is makkelijk voor jou!

Klaar voor de laatste? Kies je 10 favoriete woorden die je in een van de puzzels hebt ontdekt en noteer ze hieronder.

1.	6.
2.	7.
3.	8.
4.	9.
5.	10.

De uitdaging is nu om met deze woorden en binnen een maximum van zes zinnen een tekst te schrijven over een persoon, dier of plaats waar je van houdt!

Tip: U kunt de laatste blanco pagina van dit boek als kladblaadje gebruiken!

Je schrijven:

NOTITIEBOEKJE:

TOT SNEL!

Linguas Classics

www.ingramcontent.com/pod-product-compliance
Lightning Source LLC
Chambersburg PA
CBHW082056120626
46553CB00011B/3427
* 9 7 9 8 8 9 6 7 0 2 1 9 1 *